古文观止
年读
先秦两汉魏晋

王金鑫 著

湖南文艺出版社
HUNAN LITERATURE AND ART PUBLISHING HOUSE
小博集

© 中南博集天卷文化传媒有限公司。本书版权受法律保护。未经权利人许可，任何人不得以任何方式使用本书包括正文、插图、封面、版式等任何部分内容，违者将受到法律制裁。

图书在版编目（CIP）数据

少年读古文观止. 先秦两汉魏晋 / 王金鑫著. -- 长沙：湖南文艺出版社，2023.8
ISBN 978-7-5726-1168-1

Ⅰ. ①少… Ⅱ. ①王… Ⅲ. ①《古文观止》—少年读物 Ⅳ. ①H194.1-49

中国国家版本馆CIP数据核字（2023）第139618号

上架建议：文学·传统文化

SHAONIAN DU GUWEN GUANZHI. XIAN QIN LIANG HAN WEI JIN

少年读古文观止. 先秦两汉魏晋

著　　者：	王金鑫
出 版 人：	陈新文
责任编辑：	匡杨乐
监　　制：	李　炜　张苗苗
策划编辑：	蔡文婷
特约编辑：	董　月　张晓璐
营销支持：	付　佳　杨　朔　付聪颖
装帧设计：	霍雨佳
内文插图：	张　苗
出　　版：	湖南文艺出版社
	（长沙市雨花区东二环一段　508号　邮编：410014）
网　　址：	www.hnwy.net
印　　刷：	北京中科印刷有限公司
经　　销：	新华书店
开　　本：	700 mm × 980 mm　1/16
字　　数：	120千字
印　　张：	12
版　　次：	2023年8月第1版
印　　次：	2023年8月第1次印刷
书　　号：	ISBN 978-7-5726-1168-1
定　　价：	79.00元（全2册）

若有质量问题，请致电质量监督电话：010-59096394
团购电话：010-59320018

目录

第一章
曹刿论战　1

第二章
烛之武退秦师　13

第三章
郑伯克段于鄢　27

第四章
邹忌讽齐王纳谏　41

第五章
唐雎不辱使命　53

第六章
谏逐客书　65

第七章　屈原列传　77

第八章　报任安书（节选）　97

第九章　过秦论上　109

第十章　前出师表　125

第十一章　陈情表　139

第十二章　兰亭集序　153

第十三章　归去来辞　165

第十四章　桃花源记　177

第一章 曹刿论战

> 让我们来认识一下左丘明吧！

姓　　名：左丘明
性　　别：男
生活时代：春秋时期
人物背景：春秋时期鲁国人，史学家，双目失明，曾任鲁太史，或为讲诵历史及传说的史官。编年体史书《左传》和国别体史书《国语》，相传都出自他手。
代表名句：
一鼓作气，再而衰，三而竭。（《左传·庄公十年》）
多行不义，必自毙。（《左传·隐公元年》）

知人论世

左丘明是春秋时期鲁国人，曾担任过鲁国的史官。这个人很神秘，历史上关于他的记载很少，几乎没有人专门为他写传记，单单是他的名字，人们就有两种说法：有人说他姓左，名丘明；有人说他复姓左丘，名明。

据说，左丘明与孔子同时，孔子曾说过："巧言，令色，足恭，左丘明耻之，丘亦耻之。"意思是，花言巧语，表面伪善，用过分恭谦的态度接近别人，左丘明认为这种人可耻，我也这么认为。从这里可以看出，孔子不仅知道左丘明这个人，还很尊重他，以他为榜样。孔子周游列国不受重用，政治理想无法实现，就回到鲁国专心致力于教育事业，整理《诗》《书》等古代文献。《史通》

中记载，在这期间，他曾去往周朝太史氏那里查阅史书，在那里他遇到了左丘明。

回来之后，孔子把鲁国史官编写的鲁史加以整理修订，写成《春秋》一书。《春秋》是一部编年体史书，记载了鲁隐公元年（前722年）到鲁哀公十四年（前481年）总共二百四十二年的历史。别看它是一部史书，里面的内容却很简洁，比如写鲁隐公元年郑庄公与弟弟共叔段为了争夺国君之位进行的斗争，就仅仅用了"夏，五月，郑伯克段于鄢"九个字来描述。

《史记·孔子世家》中记载了孔子编订《春秋》的原则："笔则笔，削则削。"意思是，该记载的就一定要记载，该删去的就一定要删去。这样编写历史虽然忠于史实，但是后人并不了解事件的来龙去脉，甚至还会歪曲原文的意思。于是齐国人公羊高和鲁国人穀梁赤分别对《春秋》做了阐释，就有了《公羊传》和《穀梁传》这两本书。

左丘明有一本书，叫《左传》，也叫《左氏春秋》。有人认为《左传》也是为了阐释《春秋》而作，于是将《左传》《公羊传》和《穀梁传》合称为"春秋三传"。但是《左传》记载的历史比春秋多出十几年，也不像其他两部从义理方面阐释《春秋》，而是以春秋的记事为纲，增加了大量的史实和传说，叙事也更加生动。于是，《左传》也被称为"我国第一部叙事详备的编年体史书"。

《曹刿论战》出自《左传·庄公十年》，记录了春秋时期齐国与鲁国之间的一场战争，因为战场所在地在长勺（今山东莱芜市东北），所以也称为"长勺之战"。

　　齐国和鲁国的位置大概在今天的山东省，因此山东省又被称为"齐鲁大地"。齐国在东北部，鲁国在西南部，两国虽然是邻国，但关系一直不太融洽。到了齐襄公在位的时候，因为"文姜之乱"，齐、鲁两国的关系就更差了。

　　齐襄公是个很荒淫的君主，大臣和百姓都不喜欢他。这时候，有个叫公孙无知的人有了谋反的心思。公孙无知是齐庄公的孙子，也就是齐襄公的堂兄弟。在《左传》中，我们经常会看到某些人叫"公孙某某"，意思是此人是诸侯的孙子，而不是姓"公孙"。齐襄公的父亲齐僖公对公孙无知很好，公孙无知的吃穿用度与齐僖公亲生儿子的别无二致。但在齐僖公去世，齐襄公即位之后，他的待遇就一落千丈了。一贯养尊处优的公孙无知很不开心，在两个大臣的怂恿下，他谋反了，杀死了齐襄公，自己当了国君。

　　齐襄公还有两个弟弟，分别是公子纠和公子小白。当初，齐襄公还在位的时候，公子小白的谋士鲍叔牙就看出齐襄公的行为将导致叛乱，于是劝公子小白到莒国避难。公孙无知造反后，公子纠为了避免被迫害，也逃到了自己母亲的家乡鲁国。

　　公孙无知当了国君之后很暴虐，又因为国君之位来得不正当，很快就被人杀了。这时，齐国群龙无首，需要一个国君。公子小白和公子纠得到消息，都急忙赶回齐国争夺国君之位。为了阻止公子小白，鲁国派人在莒国通往齐国的路上埋伏了杀手。但小白死里逃生，急忙返回齐国，当上了国君，他就是大名鼎鼎的齐桓公。

听到这个消息，鲁国还是不甘心，说什么也要帮公子纠夺回王位。于是鲁国与齐国在齐国国境内一个叫乾时的地方发生了战争。最后，因为齐国实在太强了，鲁国打了败仗，铩羽而归。

这下，齐国和鲁国的关系雪上加霜，齐国总是想尽办法联合其他国家攻打鲁国。而造成这个局面的人就是《曹刿论战》的主人公之一鲁庄公。

鲁庄公十年（前684年）的春天，齐国又以鲁国干涉了齐国内政为借口，再次兴兵攻鲁。这次战争是诸侯间争权夺利的战争，齐国以强凌弱，处于进攻者的位置，鲁国处于防御者的位置，而战争的结局却是鲁胜齐败。

- 据说，左丘明与孔子同时。

- 左丘明是春秋时期鲁国人，曾担任过鲁国的史官。

- 孔子很敬重左丘明。

- 《左传》，也叫《左氏春秋》。

- 《曹刿论战》中记载的战争也叫"长勺之战"。

- 孔子编订《春秋》的原则是"笔则笔，削则削"。

- 齐国和鲁国的位置大概在今天的山东省。

- 《左传》《公羊传》和《穀梁传》合称为"春秋三传"。

《左传》为左丘明所著，是中国古代第一部叙事详备的编年体史书，更是先秦散文著作的代表。它是儒家重要的经典之一，与《公羊传》《穀梁传》合称为"春秋三传"。

读一读 ·《曹刿论战》

读准字音，读准停顿，读懂语气

十年春，齐师伐我，公将战，曹刿请见。其乡人曰："肉食者谋之，又何间（jiàn）焉？"刿曰："肉食者鄙，未能远谋。"遂入见。

问："何以战？"公曰："衣食所安，弗敢专也，必以分人。"对曰："小惠未遍，民弗从也。"公曰："牺牲玉帛（bó），弗敢加也，必以信。"对曰："小信未孚（fú），神弗福也。"公曰："小大之狱，虽不能察，必以情。"对曰："忠之属也，可以一战。战，则请从。"

公与之乘，战于长勺。公将鼓之，刿曰："未可。"齐人三鼓，刿曰："可矣！"齐师败绩，公将驰之，刿曰："未可。"下，视其辙，登，轼而望之，曰："可矣！"遂逐齐师。

既克，公问其故，对曰："夫战，勇气也。一鼓作气，再而衰，三而竭。彼竭我盈，故克之。夫大国，难测也，惧有伏焉。吾视其辙乱，望其旗靡（mǐ），故逐之。"

古文 今译

　　（鲁庄公）十年的春天，齐国的军队攻打我们鲁国。鲁庄公将要迎战。曹刿请求拜见（鲁庄公）。他的同乡说："当权的人自会谋划这件事，（你）又何必参与呢？"曹刿说："当权的人目光短浅，不能深谋远虑。"于是进入宫廷去见（鲁庄公）。曹刿问："（您）凭借什么作战？"鲁庄公说："衣食这类用来安身的东西，（我）不敢独自享受，一定把它们分给别人。"曹刿对答："这种小恩小惠不能遍及（百姓），老百姓是不会听从您的（指跟随鲁庄公死战）。"鲁庄公说："祭祀用的牲畜和玉器、丝织品等祭品，（我从来）不敢虚报夸大数目，一定对上天说实话。"曹刿说："（这只是）小信用，不能使神灵信服，神灵是不会保佑您的。"鲁庄公说："大大小小的诉讼案件，虽然不能一一明察，但我一定根据实情（合理裁决）。"曹刿对答："（这）才是尽了本职之类的事，可以（凭借这一点）打一仗。作战时请允许我跟随您一同去。"

　　鲁庄公和曹刿同乘一辆战车，在长勺（和齐军）作战。鲁庄公将要击鼓进军。曹刿说："不行。"齐军三次击鼓之后，曹刿说："可以（击鼓进军）了。"齐军大败。鲁庄公（又）要下令追击齐军。曹刿说："不行。"（曹刿）下战车察看齐军车轮碾过的痕迹，又登上战车，扶着车前横木远望齐军（的队形），（这才）说："可以（追击）了。

于是追击齐军。

　　打了胜仗后,鲁庄公问他取胜的原因。曹刿回答道:"作战,靠的是勇气。第一次击鼓(能够)振作(士兵们的)士气,第二次击鼓(士兵们的)士气就开始低落了,第三次击鼓(士兵们的)士气就耗尽了。齐军的士气耗尽而我军的士气正旺盛,所以战胜了他们。(齐国是)大国,难以推测(它的情况),害怕设有伏兵。我看到他们车轮的痕迹混乱了,望见他们的旗帜倒下了,所以下令追击他们。"

知识收藏夹

● **古今异义**

又何**间**焉 ◎古义：参与。今义：隔开，不连接。

肉食者**鄙** ◎古义：浅陋，文中指目光短浅。今义：粗俗，低下。

衣食所**安** ◎古义：安身。今义：安全。

弗敢**加**也 ◎古义：虚夸，夸大。今义：两个或两个以上的东西或数目合在一起。

小大之**狱** ◎古义：诉讼事件。今义：监狱。

虽不能察，必以**情** ◎古义：实情。今义：感情。

忠之属也 ◎古义：尽力做好分内的事。今义：忠诚。

可以一战 ◎古义：可以凭借。今义：助动词，表示可能或能够。

再而衰 ◎古义：第二次。今义：表示又一次。

● **一词多义**

故 { 公问其**故** ◎名词，原因，缘故。
    故逐之 ◎连词，所以。

从 { 民弗**从**也 ◎动词，听从。
    战，则请**从** ◎动词，跟随。

之 { 公与**之**乘 ◎代词，指曹刿。
    公将驰**之** ◎代词，指齐军。

以 { 必**以**分人 ◎介词，把。
必**以**情 ◎介词，按照，根据。

- **词类活用**

衣食所安，弗敢**专**也 ◎形容词用作动词，独自享有。

神弗**福**也 ◎名词用作动词，赐福，保佑。

公将**鼓**之 ◎名词用作动词，击鼓进军。

- **文言句式**

何以战 ◎倒装句，宾语前置，正常语序为"以何战"。

必以分人 ◎省略句，应为"必以之分人"。

战于长勺 ◎倒装句，介词结构后置，正常语序为"于长勺战"。

夫战，勇气也 ◎判断句，"……也"表判断。

王老师 说

春秋时期，齐、鲁两国相邻，齐国较强。公元前684年的春天，齐国兴兵讨伐鲁国，与鲁国在长勺一战。于鲁国而言，这是一次抵御强敌、保卫国家的正义战争。在此之前的几次齐、鲁之战，都是鲁国战败。此次齐军压境，形势危急，曹刿挺身而出，主动为抵抗齐军出力。

本文可分为四部分。第一部分简要交代了战争发生的时间和形势，用曹刿和乡人的对话，表现了曹刿的见识与谋略。第二部分写曹刿与鲁庄公的对话。鲁庄公的三个条件，曹刿只肯定了第三个，进一步印证了曹刿的见识高远。谈话的最后，鲁庄公认识到百姓对国家的重要性，这其实是鲁国以弱胜强的原因和保证。第三部分是本文的高潮——具体的战争场面。两国交战，本文对战争过程的描写十分简略，却别出心裁地选取了"击鼓"和"逐师"两件事来突出战事之紧张。叙事重点突出，详略得当。这一部分也为下一段的议论埋下了伏笔，引人入胜。最后一部分，论述作战胜利的原因，再一次运用对比，说明"肉食者不能远谋"。

全文不过二百二十二字，却包含了非常丰富的内容，条理清晰、跌宕起伏，完美地表现了曹刿高超的军事思想、见识和才干，以及浓浓的爱国之情。

第二章

烛之武退秦师

让我们来认识一下左丘明吧！

姓　　名：左丘明
性　　别：男
生活时代：春秋时期
人物背景：春秋时期鲁国人，史学家，双目失明，曾任鲁太史，或为讲诵历史及传说的史官。编年体史书《左传》和国别体史书《国语》，相传都出自他手。
代表名句：人谁无过，过而能改，善莫大焉。（《左传·宣公二年》）
众心成城，众口铄金。（《国语·周语下》）

知人论世

"以古为镜,可以知兴替",编修史书对每个朝代的帝王来说,都是一件很重要的事。那么,历史上有哪些著名的史书呢?比较有名的史书有《史记》《汉书》《三国志》《资治通鉴》。这些史书记载的年代不尽相同,编写的体例也不都一样。比如《汉书》就只记载了西汉的历史,所以它是一部纪传体断代史。断代史就是只记载某个朝代或者某段时期的历史的史书。众所周知,《史记》是纪传体通史,通史与断代史不一样,是连贯地记述各个时代的历史的史书。"二十五史"中,除了《史记》,其他都属于断代史。

刚才提到的这几部史书里,有一部不在"二十五史"之列,它就是《资治通鉴》。《资治通鉴》是编年体通史,上一章我们

简单提到的《春秋》和《左传》也是编年体史书,那究竟什么是编年体呢?

编年体,顾名思义,就是以年月为线索编排有关历史事件的体裁,这样编排史书可以让我们很容易看出同时期各事件间的联系。像我们接下来要学的《烛之武退秦师》中晋国攻打郑国的渊源,就很容易通过《左传》梳理清楚。

《左传·僖公四年》记载了重耳流浪的原因——骊姬之乱。重耳的父亲晋献公有一个蛇蝎心肠的宠妃骊姬,骊姬为了让自己的儿子奚齐当太子,就对太子申生说:"国君梦见了你的母亲,你一定要赶快祭祀她。"等到申生将祭祀的祭酒、祭肉拿回来献给晋献公时,晋献公刚好不在,骊姬便偷偷地在肉中下毒,污蔑申生要谋害自己的父亲,逼死了他。她还对晋献公说,公子重耳也参与了这件事。重耳很害怕,就开始了自己的流浪生涯。

重耳流浪的那段历史,为之后的很多战争埋下了伏笔。《左传·僖公二十三年》记载重耳曾经漂泊到郑国。当时郑国一个叫叔瞻的大臣劝郑文公,说:"这个流亡的公子看起来很贤能,跟随他的都是晋国的宰相,而且郑国、晋国是同姓,我们应该帮帮他。"但是郑文公鄙夷地说:"晋国流亡的公子多了,难道我们郑国都要收留吗?"叔瞻为了以绝后患,向郑文公提议:"如果大王决定不帮助重耳,那就杀了他吧。"结果郑文公也没把他的话放在心上，任由重耳自生自灭。而后，重耳在楚国和秦国的帮助下，重返晋国，夺回了王位。

　　《左传·僖公二十八年》记载，晋国和楚国大战于城濮。这时，郑国又帮助楚国一起攻打晋国，结果失败了。通过这件事，晋文公意识到，郑国在晋、楚两国之间摇摆不定，是对自己的一个潜在威胁。于是两年后，晋文公以郑文公之前对自己无礼和助楚攻晋为借口，联合秦穆公一起攻打郑国。郑文公听到消息后吓坏了，赶紧派烛之武拜见秦穆公，劝他退兵。本文就详细记叙了烛之武是怎样说服秦穆公的。

- 编年体可以让我们很容易看出同时期各事件间的联系。
- 各类史书记载的年代不尽相同，编写的体例也都不一样。
- 晋文公重耳流浪的原因是骊姬之乱。
- 《春秋》和《左传》是编年体史书。
- 断代史是只记载某个朝代或者某段时期的历史的史书。
- 重耳曾经漂泊到郑国，郑文公没有收留他。
- "二十五史"中，除了《史记》，都属于断代史。
- 与断代史不一样，通史是连贯地记述各个时代的历史的史书。
- 编年体就是以年月为线索编排有关历史事件的体裁。

《左传》的语言，简练而丰润，含蓄而畅达，极富表现力，特别是一些使臣的外交语言——人称"行人辞令"（行人：外交特使）历来为人称道。

读一读 ·《烛之武退秦师》

读准字音，读准停顿，读懂语气

晋侯、秦伯围郑，以其无礼于晋，且贰于楚也。晋军函陵，秦军氾（fán）南。

佚（yì）之狐言于郑伯曰："国危矣。若使烛之武见秦君，师必退。"公从之。辞曰："臣之壮也，犹不如人；今老矣，无能为也已。"公曰："吾不能早用子，今急而求子，是寡人之过也。然郑亡，子亦有不利焉。"许之。

夜缒（zhuì）而出。见秦伯，曰："秦、晋围郑，郑既知亡矣。若亡郑而有益于君，敢以烦执事。越国以鄙远，君知其难也，焉用亡郑以陪邻？邻之厚，君之薄也。若舍郑以为东道主，行李之往来，共（gōng）其乏困，君亦无所害。且君尝为晋君赐矣，许君焦、瑕，朝济而夕设版焉，君之所

读准字音,读准停顿,读懂语气

知也。夫晋,何厌之有?既东封郑,又欲肆其西封。若不阙（quē）秦,将焉取之?阙秦以利晋,唯君图之。"秦伯说,与郑人盟,使杞子、逢（páng）孙、杨孙戍之,乃还。

子犯请击之。公曰:"不可。微夫（fú）人之力不及此。因人之力而敝之,不仁,失其所与,不知（zhì）,以乱易整,不武。吾其还也。"亦去之。

古文 今译

晋文公、秦穆公包围郑国，因为郑国曾对晋文公无礼，而且对晋有二心，向着楚国。晋军驻扎在函陵，秦军驻扎在氾水的南面。

佚之狐向郑文公说："国家危险了。如果派烛之武去见秦君，秦国军队一定退走。"郑文公听从佚之狐的意见。烛之武推辞道："臣壮年时，尚且不如别人；现在老了，不能做什么了。"郑文公说："我没有及早重用您，如今形势危急才来求您，这是我的过错。然而郑亡国了，对您也不利啊！"烛之武答应了郑文公。

夜里，（有人）用绳子拴着烛之武从城上吊下去，（烛之武）见到秦穆公，说："秦、晋围攻郑国，郑国已经知道要灭亡了！如果灭掉郑国对您有好处，那就冒昧地用（这件事）来麻烦您。越过其他国家而把远方当作边邑，您知道这不好办，哪里用得着灭掉郑国来增加邻国的土地呢？邻国的势力雄厚了，您秦国的势力（就）相对削弱了。如果（您）放弃（围攻）郑国而把它当作东方道路上（招待过客）的主人，外交使者来来往往，（郑国）供给他们缺少的资粮，对您也没什么坏处。而且您也曾经给予晋惠公恩惠，（他）答应给您焦、瑕两地，（可是晋惠公）早晨渡过黄河回国，晚上就修筑防御工事，这是您所知道的。晋国，怎么会有满足的时候？在东边使郑国成为它的边境之后，又想扩张它西边的疆界，如果不使秦国土地减少，将从哪里取得它所贪求的土地呢？损害秦国而让晋国得利，希望您考虑这件事。"秦穆公很高兴，与郑国结盟，派杞子、逢孙、杨孙戍守郑国，就回国了。

（晋国大夫）子犯请求攻打秦军。晋文公说："不行，如果没有那个人的力量（晋文公流浪的时候曾得到过秦穆公的帮助），我是到不了今天这个地位的。依靠别人的力量反而去损害别人，这是不仁义的；失去自己的同盟国，这是不明智的；用混乱相攻取代和谐一致，这是不符合武德的。我们还是回去吧。"（于是）晋军也撤离了郑国。

知识收藏夹

● **通假字**

共其乏困 ◎通"供",供给。

秦伯**说**,与郑人盟 ◎通"悦",欢悦,高兴。

失其所与,不**知** ◎通"智",明智。

● **一词多义**

封 ｛ 既东**封**郑 ◎名词的使动用法,使……成为疆界。
又欲肆其西**封** ◎名词,疆界。

而 ｛ 今急**而**求子 ◎连词,才,表转折。
夜缒**而**出 ◎连词,可不译,表修饰。
朝济**而**夕设版焉 ◎连词,却,表转折。

以 ｛ **以**其无礼于晋 ◎连词,因为。
敢**以**烦执事 ◎介词,用。
越国**以**鄙远 ◎连词,来,表目的。

之 ｛ 臣**之**壮也,犹不如人 ◎助词,不译,主谓之间取消句子独立性。
夫晋,何厌**之**有 ◎宾语前置的标志,不译。
阙秦以利晋,唯君图**之** ◎代词,这件事。
子犯请击**之** ◎代词,指秦军。

其 ｛ 君知**其**难也 ◎代词,代指"越国以鄙远"这件事。
共**其**乏困 ◎代词,代指"行李"。
又欲肆**其**西封 ◎代词,代指晋国。
吾**其**还也 ◎表商量或希望的语气,还是。

焉 { 子亦有不利**焉** ◎句末语气词，相当于"啊"。
若不阙秦，将**焉**取之 ◎疑问代词，哪里。

- **词类活用**

烛之武**退**秦师 ◎使动用法，使……退。
且**贰**于楚也 ◎数词用作动词，从属二主。
晋**军**函陵 ◎名词用作动词，驻扎。
夜缒而出 ◎名词用作状语，在晚上。
邻之厚，君之**薄**也 ◎形容词用作动词，变雄厚，变薄弱。
且君尝为晋军**赐**矣 ◎动词用作名词，恩惠。
既**东封**郑 ◎东，名词用作状语，在东边；封，名词的使动用法，使……成为疆界。
若不**阙**秦 ◎使动用法，使……减少。
与郑人**盟** ◎名词用作动词，结盟。

- **文言句式**

以其无礼于晋，且贰于楚也 ◎倒装句，正确语序为"于晋无礼""于楚贰"。
晋军函陵，秦军氾南 ◎省略句，应为"晋军于函陵，秦军于氾南"。
是寡人之过也 ◎判断句，"……也"，表判断。
若亡郑而有益于君 ◎倒装句，状语后置，正确语序为"若亡郑而于君有益"。

敢以烦执事 ◎省略句。省略代词"之",指亡郑这件事,应为"敢以之烦执事"。

何厌之有 ◎倒装句,宾语前置,正确语序为"有何厌"。

王老师 说

《烛之武退秦师》记载的是春秋时期郑国与秦、晋两国之间真实存在的一场外交斗争，涉及政治、外交、军事等诸多方面，是《左传》中一篇非常经典的散文。

本文分为四个部分。开篇点明局势：秦、晋围郑，战争一触即发，郑国危在旦夕。第二部分写烛之武临危受命。壮士暮年，烛之武内心是有遗憾和怨言的，但在郑伯的恳求之下，他抛开个人情绪和利益，担起救国的大任，深明大义。第三部分是全文的高潮，也是"退秦师"的具体过程。烛之武先站在秦国的立场上博得秦穆公的好感，接着讲明此战的利害关系——灭掉郑国只对晋国有利，而对秦国无益，再进一步说明了不灭掉郑国对秦国有益的情况。其实这足以说服秦穆公撤兵。但烛之武的高明之处就在于他直接挑明秦、晋两国的历史矛盾，得出了贪得无厌的晋国必会"阙秦"的结论，让秦穆公意识到灭掉郑国是不可取的行为，进而撤兵，与郑国结盟。第四部分简要叙述了晋师撤离郑国的情况，也表现了一代霸主晋文公的政治远见。

本文篇幅虽短，但组织严密，结构清晰，说理透彻，是一篇非常优秀的外交辞令。本文不仅赞扬了烛之武不避险阻"退秦师"的爱国精神，也反映了春秋时代各诸侯国之间斗争的复杂性。

第三章 郑伯克段于鄢

让我们来认识一下穀梁赤吧！

姓　　名：穀梁赤
性　　别：男
生活时代：战国时期
人物背景：战国时期鲁国人。相传他是子夏的弟子，治《春秋》。他的作品《穀梁传》最初只有口说流传，西汉才成书。
代表名句：
言而不信，何以为言。(《穀梁传·僖公二十二年》)
君子恶恶疾其始，善善乐其终。(《穀梁传·僖公十七年》)

知人论世

《穀梁传》是专门为阐释《春秋》而作的，因此也被称为《春秋穀梁传》或《穀梁春秋》，它与《左传》《公羊传》合称为"春秋三传"，是研究秦汉间和汉初儒家思想的重要资料。《穀梁传》以语录体和对话文体为主，相传是子夏通过口述的方式向其弟子穀梁赤传授的，到西汉时期才成书。

子夏是孔子的学生，以文学见长，才思敏捷。他不仅博学，还喜欢思考、论证一些精微的事情。《孔子家语》中曾记载，子夏在经过卫国的时候，看见一个读史书的人在吟诵："晋师伐秦，三豕渡河。"子夏摇摇头，对他说："不是三豕，而是己亥。"过后，这个人去向史官请教，果然是己亥。因为当时"三"和"己"、"豕"和"亥"的字形太像了，但是子夏能通过语义辩证地分析问题——不是三头猪渡河，而是在己亥年渡河，是非常值得称赞的。

孔子去世之后，儒家就分裂成了八个学派，每个学派都有自己擅长的领域。子夏所讲的儒学，虽不在这八个派别之内，却也受到了许多人的追随，其中就有爱好儒学的魏文侯。于是子夏接受魏文侯的邀请，在魏国西河设坛讲学，后来他门下许多弟子都成为战国时期赫赫有名的人物，比如李悝和吴起。

相传，本书的作者榖梁赤，也是子夏的弟子。子夏为弟子们阐发《春秋》的奥义，榖梁赤接受了这些知识，并有了自己的感悟。《榖梁传》就是他的后传弟子根据他的口述记录下来的，但当时并没有编成书。秦始皇统一六国之后，发生了一件使文化遭受极大破坏的事件，即焚书坑儒。他下令将《诗》《书》和除秦国外列国的史记等焚之一炬，摧毁了大量珍贵的典籍和先秦文化。

到了西汉，汉武帝非常尊崇儒学，希望借助儒学来实现大一统。这时今文经学应时而生。经学指的是训解、阐述儒家经典的学问。那什么是"今文经"呢？由于先秦时期很多儒家经典都被烧毁了，没有了底本，所以战国以来，这些儒家弟子通过师徒、父子，将这些知识口头传授，并通过汉代流行的文字隶书记录下来。这些重新写成的儒家经典就叫作今文经。

与今文经相对的是古文经，指的是秦以前用古文书写而由汉代学者加以训释的儒家经典。这些古文经一般是从民间偶然发现的，比如著名的鲁壁藏书，就是当时孔子的后人为了躲避焚书，将书藏在墙壁之中，后来被鲁恭王刘余扩建宫室时发现的。春秋三传中，《左传》就是古文经。

《穀梁传》一般认为是今文经，与《左传》相比，《穀梁传》采用的是"借事明义"的方式，更突出了礼制和宗法的重要性，以维护封建统治者的长期利益，因此深受统治阶级的关注。

郑庄公诛杀其弟共叔段的故事，《左传》和《穀梁传》中都做了解释，本章将两书中的原文及译文列上，可以帮你更为直观地了解两书之间的差异。

- 《穀梁传》以语录体和对话文体为主。

- 《穀梁传》是专门为阐释《春秋》而作的。

- 《穀梁传》一般认为是今文经学。

- 《穀梁传》到西汉时期才成书。

- 《穀梁传》相传是子夏通过口述的方式向其弟子穀梁赤传授的。

- 《穀梁传》更突出了礼制和宗法的重要性,以维护封建统治者的长期利益,因此深受统治阶级的关注。

- 《穀梁传》是研究秦汉间和汉初儒家思想的重要资料。

> 《左氏》艳而富,其失也巫。《穀梁》清而婉,其失也短。《公羊》辩而裁,其失也俗。

读一读 · 《郑伯克段于鄢》

读准字音，读准停顿，读懂语气

初，郑武公娶于申，曰武姜，生庄公及共（gōng）叔段。庄公寤（wù）生，惊姜氏，故名曰寤生，遂恶之。爱共叔段，欲立之，亟（qì）请于武公，公弗许。

及庄公即位，为之请制。公曰："制，岩邑也，虢（guó）叔死焉。他邑唯命。"请京，使居之，谓之京城大叔。祭（zhài）仲曰："都城过百雉，国之害也。先王之制：大都不过参国之一，中五之一，小九之一。今京不度，非制也，君将不堪。"公曰："姜氏欲之，焉辟害？"对曰："姜氏何厌之有！不如早为之所，无使滋蔓，蔓，难图也。蔓草犹不可除，况君之宠弟乎！"公曰："多行不义必自毙。子姑待之。"

既而大叔命西鄙、北鄙贰于己。公子吕曰："国不堪贰，君将若之何？欲与大叔，臣请事之，若弗与，则请除之，无生民心。"公曰："无庸，将自及。"大叔又收贰以为己邑，至于廪（lǐn）延。子封曰："可矣。厚将得众。"公曰："不义不昵（nì），厚将崩。"

大叔完聚，缮甲兵，具卒乘（shèng），将袭郑，夫人将启之。公闻其期，曰："可矣！"命子封帅车二百乘以伐京。京叛大叔段。段入于鄢（yān）。公伐诸鄢。五月辛丑，大叔出奔共。

书曰："郑伯克段于鄢。"段不弟，故不言"弟"。如二君，故曰"克"。称"郑伯"，讥失教也，谓之郑志。

不言"出奔",难之也。

遂置姜氏于城颍而誓之曰:"不及黄泉,无相见也!"既而悔之。颍考叔为颍谷封人,闻之,有献于公。公赐之食,食舍肉,公问之,对曰:"小人有母,皆尝小人之食矣,未尝君之羹,请以遗之。"公曰:"尔有母遗,繄(yī)我独无!"颍考叔曰:"敢问何谓也?"公语之故,且告之悔。对曰:"君何患焉!若阙地及泉,隧而相见,其谁曰不然?"公从之。公入而赋:"大隧之中,其乐也融融。"姜出而赋:"大隧之外,其乐也泄(yì)泄。"遂为母子如初。

君子曰:"颍考叔,纯孝也。爱其母,施(yì)及庄公。《诗》曰:'孝子不匮(kuì),永锡尔类。'其是之谓乎!"

——《左传》

"克"者何?能也。何能也?能杀也。何以不言杀?见段之有徒众也。

段,郑伯弟也。何以知其为弟也?杀世子、母弟曰君,以其目君,知其为弟也。段,弟也而弗谓弟,公子也而弗谓公子,贬之也。段失子弟之道矣。贱段而甚郑伯也。何甚乎郑伯?甚郑伯之处心积虑,成于杀也。

"于鄢",远也。犹曰取之其母之怀中而杀之云尔,甚之也。然则为郑伯者宜奈何?缓追逸贼,亲亲之道也。

——《穀梁传》

古文 今译

当初，郑武公娶了申国公室女子，（她后来被）称为武姜，（她）生下庄公和共叔段。庄公出生时脚先出来，姜氏受到惊吓，便给他取名"寤生"，所以很厌恶他。（武姜）偏爱共叔段，想立共叔段为太子，多次向武公请求，武公都不答应。

到庄公即位的时候，武姜就替段请求以制邑为领地。庄公说："制邑是个险要的地方，（从前）虢叔就死在那里。（若是封给他）其他城邑，（我）都可以照吩咐办。"（武姜）便请求（封给段）京邑，（庄公就）让段住在京邑，段被称为京城太叔。祭仲说："城邑的围墙超过三百丈，就是国家的祸害。先王的制度：大城市的城墙不能超过国都城墙的三分之一，中等的不能超过五分之一，小的不超过九分之一。如今的京邑，（大小）不合法度，违反了（先王的）制度，您将会承受不住的。"庄公说："姜氏要这么做，怎么避开祸害呢？"祭仲说道："姜氏哪里会满足呢！不如趁早给太叔（另外）安排个（容易控制的）地方，不让（他的势力）滋生、蔓延。（如果）蔓延开来，（就）难以对付了。蔓延的草尚且难除掉，何况是您受宠的胞弟呢！"庄公说："多做不义的事情，必定会自己垮台，你姑且等着瞧吧。"

没过多久，太叔命令西部、北部的边邑一方面听从庄公（建议），另一方面听从自己（内心）。公子吕说："国家不能忍受两个国君的情况，现在您打算怎么办？（您）想把郑国交给太叔，（那么）我请求服侍他；如果不给，那么就请除掉他，不要使臣民生二心。"庄公说："不用（除掉他），他自己将要遭到灾祸。"太叔又把两属的边邑收为己有，一直扩展到廪延。公子吕说："可以行动了！土地扩大了，他将得到民心。"庄公说："多行不义，百姓就不拥护他，领地扩大，反而会倒台。"

太叔巩固城廓，聚积粮草，修整盔甲武器，准备好兵马战车，将要偷袭郑国，武姜打算开城门接应他。庄公得知太叔的举兵日期，说："可以出击了！"命令子封（即公子吕）率领二百辆兵车讨伐京邑。京邑的人民反叛太叔。太叔逃到鄢邑。庄公又追到鄢邑讨伐他。五月二十三日，太叔逃到共国。

《春秋》记载道："郑伯克段于鄢。"段不遵守做弟弟的本分，所以不说他是庄公的弟弟。（兄弟俩）如同两个国君（一样争斗），所以用"克"字。称庄公为"郑伯"，是讥讽他对弟弟失教，表明赶走段是郑庄公的本意。不写"太叔出奔"，是史官下笔有为难之处。

（庄公）就把姜氏安置在城颍，并且发誓："不到黄泉（不到死后埋在地下），不再见面！"不久，（庄公）

就后悔了。有个叫颖考叔的，是镇守边境颖谷的官吏，听到这件事，就进献东西给郑庄公。庄公赐给他饭食，颖考叔在吃饭的时候，把肉留着。庄公问他为什么，颖考叔答道："小人的母亲，我吃的东西她都尝过，只是从未尝过君王享用的肉羹，请让我带回去送给她吃。"庄公说："你有母亲可以孝敬，唉，我却没有！"颖考叔说："请问这是什么意思？"庄公把原因告诉了他，还告诉他自己后悔了。颖考叔答道："您担心什么呢？如果挖一条地道，挖出了泉水，从地道中相见，谁能说您违背了誓言呢？"庄公依了他的话。庄公走进地道，吟道："隧道之中，多么和乐相得啊！"武姜走出地道，吟道："隧道之外，多么舒畅快乐啊！"从此，他们恢复了从前的母子关系。

君子说："颖考叔是位真正的孝子，（不仅）孝顺自己的母亲，（还让这种孝心）影响到庄公。《诗经》说：'孝子不断地推行孝道，永远能感化你的同类。'就是说的颖考叔吧！"

——《左传》

"克"这个字是什么意思？就是能够。能什么呢？能杀人。（《春秋》）为什么不直接说杀？说明段还有军队。段，是郑伯的弟弟。为什么知道他是弟弟呢？（《春秋》）

凡诸侯杀世子和同母弟的，称国君（而不称父兄），因为郑伯被视为国君，所以知道段是弟弟。段是弟弟，而（《春秋》）不称弟，他是公子而不称公子，是为了贬低他。段丧失了为人子弟的准则。（《春秋》）鄙视段但更鄙视郑伯。为什么对郑伯更加鄙视呢？是鄙视郑伯的处心积虑，达到了诛杀段的目的。

"于鄢"（杀段于鄢地），是指郑伯追击段到很远。郑伯杀段就像是从母亲的怀里夺过婴儿来杀掉一样，所以更加鄙视郑伯。那么，作为郑伯应该怎么办？缓缓地追赶逃跑的逆贼，才是爱护亲属的道理。

——《穀梁传》

知识收藏夹

● **通假字**

庄公**寤**生 ◎通"悟",逆,倒着。

谓之京城**大**叔 ◎通"太"。

大都不过**参**国之一 ◎通"三",三分。

姜氏欲之,焉**辟**害 ◎通"避",退避,躲避。

无使滋蔓 ◎通"毋",不要。

段不**弟** ◎通"悌",敬顺兄长。

若**阙**地及泉 ◎通"掘",挖。

● **一词多义**

制 { 为之请**制** ◎名词,地名。
今京不度,非**制**也 ◎名词,规章,制度。

食 { 公赐之**食** ◎名词,食物。
食舍肉 ◎动词,吃饭。

● **词类活用**

惊姜氏 ◎惊,使动用法,使……受惊。

今京不**度**,非制也,君将不堪 ◎度,名词用作动词,合法度。

无**生**民心 ◎生,使动用法,使……产生。

有**献**于公 ◎献,动词用作名词,进献的东西。

隧而相见 ◎隧,名词用作动词,挖隧道。

- **文言句式**

郑伯克段于鄢 ◎倒装句，状语后置，正确的语序为"于鄢克段"。

欲立之，亟请于武公 ◎倒装句，状语后置，正确的语序为"于武公亟请"。

制，岩邑也 ◎判断句，"……，……也。"表判断。

姜氏何厌之有 ◎倒装句，宾语前置，正确的语序为"有何厌"。

敢问何谓也 ◎倒装句，宾语前置，正确的语序为"敢问谓何"。

君何患焉 ◎倒装句，宾语前置，正确的语序为"君患何焉"。

王老师 说

《郑伯克段于鄢》是《左传》的首篇,明代文学家归有光在评价此文时说:"此左氏笔力之最高者。"本篇讲述了郑庄公与其弟共叔段展开的一场争夺王位的较量,结构完整,叙事清晰,塑造了郑庄公老谋深算、阴险狡诈的人物形象。本文可分为四个部分。

第一部分,开篇即叙述该战争的起因——武姜溺爱小儿子段,想立段为世子,却没有成功,为下文兄弟二人争夺王位埋下伏笔。第二部分,交代了段"举事"的经过,写法详略得当,详写庄公与祭仲、公子吕的对话,略去了段扩张领土和具体的战争场面,使得主题更加突出。这一部分将人物鲜明的性格体现得淋漓尽致,武姜的溺爱、段的贪心、庄公的有意纵容,促成"大叔出奔"这一结果。第三部分,写"大叔出奔"后,武姜和庄公冰释前嫌的过程,宣扬了儒家的孝道。

另外,在阅读本文的同时,我们也可以从中了解孔子作《春秋》时所用的"春秋笔法",即以极尽简练的文字,寓褒贬于曲折的文笔之中。一个"克"字,便奠定了全文的基调。

第四章 邹忌讽齐王纳谏

让我们来认识一下刘向吧！

姓　　名：刘向
性　　别：男
生活时代：西汉
人物背景：皇室宗亲，西汉经学家、目录学家、文学家，曾任谏大夫、宗正等。校阅群书，学术成就颇高。后世流传的许多名作，如《战国策》《楚辞》等都是刘向编订的。

代表名句：
谋先事则昌，事先谋则亡。（《说苑·谈丛》）
强弩之末力，不能入鲁缟。（《新序·善谋下》）

知人论世

　　《邹忌讽齐王纳谏》这篇文章出自《战国策》。在讲《战国策》之前，我们首先来了解一下什么是"战国"。历史上有春秋和战国两个时期，它们合起来叫作东周。

　　春秋末期，晋国的三位大夫将晋的领土瓜分，建立了三个新的诸侯国，分别是赵国、魏国、韩国。赵、魏、韩三家分晋一般被视为春秋的终结和战国的开始。春秋时期有一百四十多个诸侯国，但是经过连年兼并，到战国时期就只剩下几个比较大的了。此时周王室已经名存实亡，周天子也没什么地位了，剩下的几个大诸侯国也不满足于只当"大哥"，想一统天下，因此争当霸主的战争也就演变为统一天下的战争。

　　在生存下来的这些诸侯国中有七个国力比较强大、势均力敌的，我们称这七国为战国七雄。那么这七雄都指哪些国家呢？按由西到东的顺序来看，首先是秦国，秦国位置比较偏僻，发展一直很缓慢。直到魏人商鞅入秦，秦国才发生了翻天覆地的变化。商鞅说服秦孝公变法图强，在十几年中，推行了一系列改革，为后来秦国的发展奠定了基础。

　　前面我们提到的赵、韩、魏这三个国家和秦国挨着，位于秦

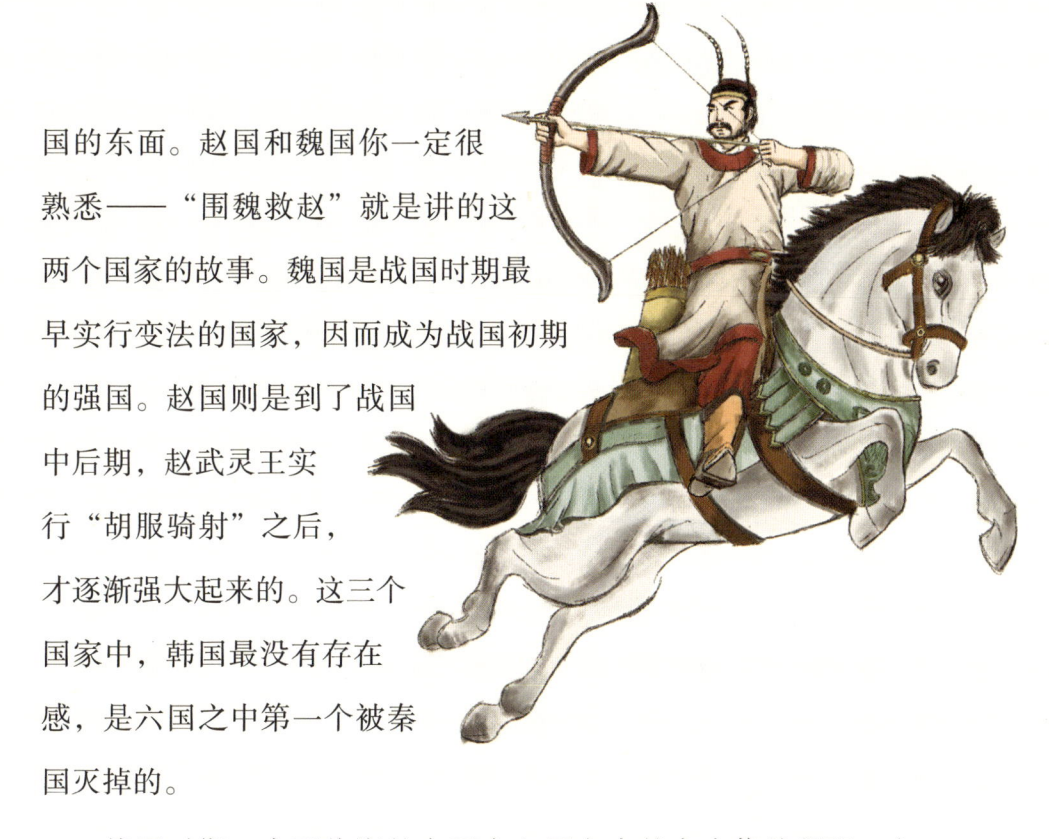

国的东面。赵国和魏国你一定很熟悉——"围魏救赵"就是讲的这两个国家的故事。魏国是战国时期最早实行变法的国家，因而成为战国初期的强国。赵国则是到了战国中后期，赵武灵王实行"胡服骑射"之后，才逐渐强大起来的。这三个国家中，韩国最没有存在感，是六国之中第一个被秦国灭掉的。

战国时期，东面临海的齐国在六国之中的实力依然很强，它离秦国最远，是战国七雄中最后一个被秦国灭掉的。秦国害怕齐国与别的国家联合起来对付自己，就采取了"远交近攻"的策略，贿赂齐国。果然在秦国进攻其他国家时，齐国都冷眼旁观。最后，秦国的铁骑终于围困齐国城下，齐王孤立无援，只能投降。

最南面是地大物博的楚国，它一直都被认为是蛮夷之国。战国时期，楚悼王任用吴起，也实行了变法。但是楚国的旧贵族势力很大，变法触及了他们的利益，最后夭折了。从这里可以看出，楚国的内政是很乱的，贵族把持朝政，奸臣祸国殃民。因此，当强秦来进攻时，楚国很快就灭亡了。

北面的燕国是一个非常不起眼的小国，但你一定知道一个故事，那便是著名的"荆轲刺秦王"。秦国下定灭亡六国的决心，一直向北方进军，燕国岌岌可危。燕太子丹决定先下手为强，没想到秦王没刺成，却引火烧身，加速了燕国的灭亡。

战国短短几百年的时间，在政治、文化、军事等领域出现了无数能人志士，他们穿梭在各个诸侯国之间，为其出谋划策。他们才华横溢，有的巧言善辩，有的足智多谋……他们的出现让战国这个短暂的时代在历史上留下了浓墨重彩的一笔。如果这段历史没有用文字去记载，就实在太可惜了。

其实，那时就有很多人把这些故事记载下来了，但是零零碎碎，也没有一个统一的体系。到了西汉，有一个叫刘向的官员，他喜欢整理古籍，于是他把前人记载的有关战国时期诸侯国间政治、外交等内容的大部分文章进行编辑整理，加以润色，按国家分门别类地组织起来。这就有了著名的国别体史书——《战国策》。

《战国策》主要记述战国时期著名的游说之士的政治主张和言行策略，为我们全方位展示了战国的历史特点和社会风貌，是研究战国历史的重要典籍。另外，《战国策》的文学成就非常突出，尤其是对人物形象的刻画、语言文字的运用，都有着鲜明的艺术特色。接下来要学习的《邹忌讽齐王纳谏》就是《战国策》中非常经典的一篇文章。

邹忌是战国时期的齐国人，"讽"是古今异义，是用含蓄的话来委婉地规劝君王的意思。齐王指的就是齐威王。"纳"是接受的意思，"谏"就是规劝君王改正错误。因此，《邹忌讽齐王纳谏》题目点明了文章的主要内容，也就是邹忌用含蓄的话，委婉地规劝齐威王接受自己的进谏。

邹忌为什么要这样做呢？在战国时期，七雄并立，各个统治集团内部新旧势力以及各国之间互相吞并的斗争，都非常激烈。因此，在这样动荡的时代，有才华的人作为一个最活跃的阶层，出现在政治舞台上，以自己非常卓越的才能和学识游说于各国之间，施展自己治国的才干。而各国统治者也意识到，人心向背是国家政权能否巩固的决定性因素。如果失了民心，国家统治就难以维持。因此他们争相招揽人才，虚心纳谏，争取所谓的支持。

《邹忌讽齐王纳谏》出自《战国策》。

赵、魏、韩三家分晋一般被视为春秋的终结和战国的开始。

齐国是六国中最后一个被秦国灭掉的。

战国七雄是秦、楚、燕、韩、赵、魏、齐。

韩国是六国之中第一个被秦国灭掉的。

《战国策》是西汉的刘向整理编订的。

《战国策》主要记述战国时期著名的游说之士的政治主张和言行策略，为我们全方位展示了战国时代的历史特点和社会风貌，是研究战国历史的重要典籍。

读一读 ·《邹忌讽齐王纳谏》

读准字音，读准停顿，读懂语气

邹忌修八尺有余，而形貌昳（yì）丽。朝（zhāo）服衣冠，窥镜，谓其妻曰："我孰与城北徐公美？"其妻曰："君美甚，徐公何能及君也！"城北徐公，齐国之美丽者也。忌不自信，而复问其妾曰："吾孰与徐公美？"妾曰："徐公何能及君也！"旦日，客从外来，与坐谈，问之："吾与徐公孰美？"客曰："徐公不若君之美也！"明日，徐公来，熟视之，自以为不如。窥镜而自视，又弗如远甚。暮，寝而思之，曰："吾妻之美我者，私我也；妾之美我者，畏我也；客之美我者，欲有求于我也。"

于是入朝见威王曰："臣诚知不如徐公美，臣之妻私臣，臣之妾畏臣，臣之客欲有求于臣，皆以美于徐公。今齐地方千里，百二十城，宫妇左右，莫不私王；朝廷之臣，莫不畏王；四境之内，莫不有求于王。由此观之，王之蔽甚矣！"王曰："善！"乃下令："群臣吏民，能面刺寡人之过者，受上赏；上书谏寡人者，受中赏；能谤议于市朝，闻寡人之耳者，受下赏。"令初下，群臣进谏，门庭若市。数月之后，时时而间（jiàn）进。期（jī）年之后，虽欲言，无可进者。燕、赵、韩、魏闻之，皆朝于齐。此所谓战胜于朝廷。

古文 今译

邹忌身高八尺[①]多，外表光艳美丽。早晨（他）穿好衣，戴好帽，照着镜子，对他的妻子说："我与城北的徐公相比，哪一个更美？"他的妻子说："您美极了，徐公怎么能比得上您呢！"城北的徐公是齐国的美男子。邹忌不相信自己（比徐公美），又问他的妾："我和徐公相比，哪一个更美？"妾说："徐公怎么能比得上您呢！"第二天，有客人从外面来（拜访），和（邹忌）坐着谈话，（邹忌）问客人道："我和徐公相比，哪一个更美？"客人说："徐公不如您美！"又过了一天，徐公前来（拜访），（邹忌）仔细地端详他，自己觉得不如（他美丽）。（邹忌）照着镜子端详自己，更是（觉得自己与徐公相比）相差甚远。傍晚，（他）躺在床上休息时想这件事，说："我的妻子认为我美，是偏爱我；我的妾认为我美，是惧怕我；客人认为我美，是有求于我。"

于是邹忌上朝拜见齐威王，说："我确实知道自己不如徐公美。我的妻子偏爱我，我的妾害怕我，我的客人有求于我，（所以）都认为（我）比徐公美。如今齐国有方圆千里的疆土，一百二十座城池，宫中的嫔妃及身边的亲信，没有一个不偏爱大王的；朝中的大臣没有一个不惧怕

[①] 八尺约等于现在的 185 厘米。

大王的；全国范围内，没有一个不有求于您的。由此看来，大王您受到的蒙蔽太严重了！"齐威王说："说得真好！"于是颁布命令："所有的大臣、官吏、百姓，能够当面批评我的过错的，可得上等奖赏；能够上书劝谏我的，得中等奖赏；能够在众人集聚的公共场所指责议论我的过失，并能传到我耳朵里的，得下等奖赏。"命令刚一下达，群臣都来进谏，宫门和庭院像集市一样热闹。几个月以后，还不时有人进谏。一年以后，即使想进言，也没有什么可说的了。燕国、赵国、韩国、魏国听说这件事，都到齐国来朝见（齐王）。这就是人们所说的身居朝廷，不必用兵就战胜了敌国。

知识 收藏夹

● **古今异义**

邹忌**讽**齐王纳谏 ◎古义：讽谏，用含蓄的话委婉地规劝。今义：讽刺，侧重揭示、批评或嘲笑。

邹忌**修**八尺有余 ◎古义：长，文中指身高。 今义：修理。

私我也 ◎古义：偏爱。 今义：自私。

今齐**地方**千里 ◎古义：土地方圆。 今义：中央下属的各级行政区划的统称；某一区域。

宫妇**左右**，莫不私王 ◎古义：身边侍候的人，近臣。 今义：方位词，左和右两方面。

能面**刺**寡人之过者 ◎古义：指责。 今义：尖的东西进入或穿过物体。

● **一词多义**

朝
- **朝**服衣冠 ◎名词，早晨。
- 于是入**朝**见威王 ◎名词，朝廷。
- 皆**朝**于齐 ◎动词，朝见。

之
- 齐国**之**美丽者也 ◎结构助词，的。
- 熟视**之**，自以为不如 ◎代词，指徐公。
- 吾妻**之**美我者 ◎结构助词，用于主谓之间，取消句子独立性，不译。

上
- 能面刺寡人之过者，受**上**赏 ◎形容词，上等的。
- **上**书谏寡人者 ◎动词，送上，呈上。

● **词类活用**

朝**服**衣冠　◎名词用作动词，穿戴。

吾妻之**美**我者　◎形容词的意动用法，认为……美。

群臣吏民，能**面**刺寡人之过者　◎名词用作状语，当面。

闻寡人之耳者　◎形容词的使动用法，使……听到。

● **文言句式**

城北徐公，齐国之美丽者也　◎判断句，"……也"表判断。

忌不自信　◎倒装句，宾语前置，正确语序为"忌不信自"。

皆以美于徐公　◎省略句/倒装句，应为"皆以臣于徐公美"。

能谤议于市朝　◎倒装句，介词结构后置，正确语序为"能于市朝谤议"。

此所谓战胜于朝廷　◎倒装句，介词结构后置，正确语序为"此所谓于朝廷战胜"。

王老师 说

　　《邹忌讽齐王纳谏》出自《战国策·齐策》，讲述了战国时期齐国大臣邹忌劝说君主纳谏，使之广开言路，改良政治的故事，塑造了邹忌善于思考、勇于进谏的贤士形象和齐王虚心纳谏、从谏如流的明君形象。本文可分为三个部分。

　　第一部分首先写邹忌的形体和外貌，让读者对邹忌有初步的认识。接着，连用三个排比，写妻子、妾、客人都觉得邹忌比徐公美，而邹忌亲眼见到徐公之后，才知道自己远远不如徐公美，从侧面写出了邹忌善于思考、有自知之明的特点。第二部分，邹忌从发生在自己身上的事件中总结出，妻子、妾、客人说假话，分别是因为偏爱、畏惧、有求于自己。接着将这个道理推及治国的高度，得出"王之蔽甚矣"的结论，从而劝诫齐王广开言路、修明政治。第三部分，齐王欣然接受邹忌的建议，颁下诏令鼓励国民进言。最后一句"战胜于朝廷"可以让读者得知这一举措让齐国取得的显著成效。

　　这篇文章告诉我们，国君只有广泛接受批评，采纳各方面的意见、建议，兴利除弊，才可以兴国的道理。同时也告诉我们，不要被一些表面现象所蒙蔽，只有时刻保持清醒的头脑，才能少犯或不犯错误。

第五章

唐雎不辱使命

让我们来认识一下刘向吧！

姓　　名：刘向
性　　别：男
生活时代：西汉
人物背景：皇室宗亲，西汉经学家、目录学家、文学家，曾任谏大夫、宗正等。校阅群书，学术成就颇高。后世流传的许多名作，如《战国策》《楚辞》等都是刘向编订的。
代表名句：
一节见则百节知矣。(《说苑·尊贤》)
草木秋死，松柏独在。(《说苑·谈丛》)

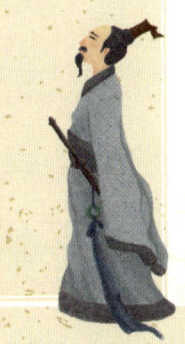

知人论世

《战国策》是中国历史上一部重要的历史著作，该书是汉代刘向编订的。刘向因这本书记载了战国时期诸侯国在战争中的许多外交政策和政治主张，故取名为《战国策》，而刘向也是将这一时代称为"战国"的第一人。

刘向的《战国策》编写的体例是国别体，分别按东周、西周、秦、齐、楚、赵、魏、韩、燕、宋、卫、中山的顺序编写，一共三十三篇，约十二万字。这本书的内容，主要是关于战国时代的说客、策士的谋略和辩论之术，也可以说是一本关于合纵与连横的演练手册。

合纵与连横是战国时期的一些纵横家所提倡的外交、军事政策，这些纵横家里面比较出名的是苏秦和张仪。这两个人早年都家境贫寒、不得志，遭受很多磨难才凭借自己满腹的才华和三寸不烂之舌有了显赫的地位和名声。

苏秦是两个人里出名比较早的，他早年跟随战国时期著名的纵横家鬼谷子学习游说之术，虽然师出名门，游历了很多地方，却始终未得重用。穷困潦倒的他回到家里，家里的人非但没有安慰他，还讥笑他说："你放着正经的产业不做，天天耍嘴皮子，

落得今天这个境地,也是自找的。"苏秦听到这些话很惭愧,觉得自己虽然学到了有用的知识,却不会落到实处,很失败。因此他把自己关在屋子里,没日没夜地看书,琢磨、研究人的心理。成语"悬梁刺股"中的"刺股"就是讲的苏秦用功读书的故事。一年之后,苏秦终于学有所成,开始游说诸侯。

苏秦先去了周王室和当时实力比较强大的秦国、赵国,但都碰壁了。于是苏秦转而向东到了燕国,受到燕文侯的重用,又先后说服赵国、韩国、魏国、齐国、楚国五国与燕国联合起来,对抗强大的秦国,使秦兵十五年不敢出函谷关。苏秦还成为佩六国相印的大人物,一时之间,风光无限。苏秦推行的策略就是合纵。

张仪也是鬼谷子的弟子，虽然苏秦出名比张仪早，但在游学的时候，他自认为比不上张仪。即使是这样，张仪最初的境遇也没比苏秦好多少。学成之后，张仪就去游说诸侯。他曾和楚国的宰相一起喝酒，宴会结束后，宰相的玉璧丢了，大家都觉得是贫穷的张仪偷的，就把他抓了起来，狠狠地打了他一顿。最终，张仪并没有屈打成招。妻子看到张仪的惨状，生气地说："如果你不去游说诸侯，也不会被人这么侮辱。"张仪回答道："那你看看我的舌头还在吗？"妻子被他气笑了，说："当然还在。"张仪笑了笑，说："那就够了。"

当时苏秦已经游说成功赵王，与赵王约定了合纵，而张仪还在到处找工作。苏秦知道，自己的同门张仪有多么优秀，如果张仪去了秦国，恐怕自己合纵的美梦就要被打破。于是苏秦就让人对张仪旁敲侧击："你之前与苏秦那么要好，现在他发达了，你为什么不去请他帮你谋份差事呢？"张仪如梦初醒，马上去了赵国找苏秦。但是苏秦对张仪并不好，反而把他当下人对待，他还对张仪说："凭你的才识，怎么落得这个地步！凭我一句话，你就能享受荣华富贵。但是你并不值得我这样做。"被人评价不值得任用，是比污蔑自己偷东西更大的侮辱，张仪一气之下，就去了秦国。

去往秦国的路上，张仪觉得如有神助，一切都是那么顺利。

直到最后他才发现，原来是苏秦煞费苦心，使了激将法，逼迫自己成才。为了报答苏秦，他答应在苏秦在位的时候，不打赵国的主意。但是正如苏秦所说，张仪真的太优秀了，他不仅在秦国当上了宰相，还设计让六国的同盟破裂，使六国服从秦国，同时灭亡了当时侮辱自己的楚国。他使的计策叫连横。

《战国策》里像苏秦、张仪这样有勇有谋的谋士还有很多，接下来要讲的《唐雎不辱使命》中的主人公之一唐雎就是其中一个。这时正值战国末期，秦国相继吞并各个诸侯国，安陵国原本附属于魏国，但魏国灭亡后，安陵国依然保持独立，秦国就想用欺骗的手段不费一兵一卒占领安陵国。在这种情况下，安陵君派出唐雎前往秦国，与虎狼之秦作最后的斗争，本篇文章就是这次斗争的实录。

刘向是将"战国"用作时代名的第一人。

张仪不仅在秦国当上了宰相，还设计让六国的同盟破裂，使六国服从秦国。

苏秦推行的策略是合纵。

《战国策》主要写的是战国时代的说客、策士的谋略和辩论之术。

合纵与连横是战国时期的一些纵横家所提倡的外交、军事政策。

苏秦、张仪早年都家境贫寒、不得志，遭受很多磨难才有了显赫的地位和名声。

"悬梁刺股"中的"刺股"讲的是苏秦用功读书的故事。

《战国策》编写的体例是国别体，分别按东周、西周、秦、齐、楚、赵、魏、韩、燕、宋、卫、中山的顺序编写，一共三十三篇，约十二万字。

《战国策》不仅是一部史籍，也是一部非常优秀的历史散文著作。它上承《左传》和《国语》，下起《史记》，在中国文学史上具有重要的地位。

读一读 ·《唐雎不辱使命》

读准字音，读准停顿，读懂语气

秦王使人谓安陵君曰："寡人欲以五百里之地易安陵，安陵君其许寡人！"安陵君曰："大王加惠，以大易小，甚善。虽然，受地于先王，愿终守之，弗敢易。"秦王不说。安陵君因使唐雎使于秦。

秦王谓唐雎曰："寡人以五百里之地易安陵，安陵君不听寡人，何也？且秦灭韩亡魏，而君以五十里之地存者，以君为长者，故不错意也。今吾以十倍之地，请广于君，而君逆寡人者，轻寡人与？"唐雎对曰："否，非若是也。安陵君受地于先王而守之，虽千里不敢易也，岂直五百里哉？"

秦王怫（fú）然怒，谓唐雎曰："公亦尝闻天子之怒乎？"唐雎对曰："臣未尝闻也。"秦王曰："天子之怒，伏尸百万，流血千里。"唐雎曰："大王尝闻布衣之怒乎？"秦王曰："布衣之怒，亦免冠徒跣（xiǎn），以头抢（qiāng）地尔。"唐雎曰："此庸夫之怒也，非士之怒也。夫专诸之刺王僚也，彗星袭月。聂政之刺韩傀（guī）也，白虹贯日。要（yāo）离之刺庆忌也，苍鹰击于殿上。此三子皆布衣之士也，怀怒未发，休祲（jìn）降于天，与臣而将四矣。若士必怒，伏尸二人，流血五步，天下缟（gǎo）素，今日是也！"挺剑而起。

秦王色挠，长跪而谢之曰："先生坐，何至于此！寡人谕矣。夫韩、魏灭亡，而安陵以五十里之地存者，徒以有先生也！"

古文 今译

秦王派人对安陵君说:"我想要用方圆五百里的土地交换安陵国,安陵君一定要答应我啊!"安陵君说:"大王施与恩惠,用大的交换小的,很好。即便如此,(我)从先王那里接受了封地,愿意始终守卫它,不敢交换。"秦王不高兴。于是安陵君派遣唐雎出使秦国。

秦王对唐雎说:"我用方圆五百里的土地交换安陵,安陵君不听我的,为什么呢?况且秦国灭掉了韩国、魏国,而安陵君却凭借方圆五十里的土地幸存下来,是因为我把安陵君看作长者,才没打他的主意。现在我用十倍于安陵的土地,让安陵君扩大领土,他却违背我的意愿,是轻视我吗?"唐雎回答说:"不,不是像你说的那样。安陵君从先王那里接受了封地并且守卫它,即使是方圆千里的土地也不敢交换,何况仅仅是五百里呢!"

秦王勃然大怒,对唐雎说:"您曾听说过天子发怒吗?"唐雎回答说:"我未曾听说过。"秦王说:"天子发怒,倒下的尸体有百万具,血流千里。"唐雎说:"大王曾经听说过平民发怒吗?"秦王说:"平民发怒,也不过是摘掉帽子光着脚,把头往地上撞罢了。"唐雎说:"这是平庸无能的人发怒,不是有胆识有才能的人发怒。专诸刺杀吴王僚的时候,彗星的尾巴扫过月亮。聂政刺杀韩傀的时候,白色的长虹穿日而过;要离刺杀庆忌的时候,苍鹰扑到宫殿上。这三个人都是出身平民有胆识的人，心里的愤怒还没发作出来，上天就降示了征兆。（现在，专诸、聂政、要离）加上我就要成为四个人了。如果有胆识有才能的人一定要发怒，倒在地上的尸体不过两具，血流五步远，天下百姓都要穿白色丧服，今天就是这样！"（于是）拔出宝剑站起来。

秦王面露胆怯，直身而跪，向唐雎道歉："先生请坐，怎么到这种地步！我明白了。韩国、魏国灭亡，而安陵却凭借方圆五十里的土地生存下来，只是因为有先生啊！"

知识收藏夹

- **通假字**

  秦王不**说** ◎通"悦",高兴。
  故不**错**意也 ◎通"措",置,安放。

- **古今异义**

  虽然,受地于先王 ◎古义:虽然如此。今义:连词,用在上半句,下半句往往有"可是、但是"等。跟它呼应,表示承认甲事为事实,但乙事并不因为甲事而不成立。
  岂**直**五百里哉 ◎古义:仅,只是。今义:成直线的。
  夫专诸之刺王僚也 ◎古义:句首发语词,表示将发表议论。今义:丈夫;成年男子。
  休祲降于天 ◎古义:吉祥。今义:停止;休息。

- **一词多义**

  使 ⎰ 秦王**使**人谓安陵君 ◎动词,命令,派遣。
  　　⎱ 安陵君因使唐雎**使**于秦 ◎动词,出使。

  徒 ⎰ 亦免冠**徒**跣 ◎动词,裸露。
  　　⎱ **徒**以有先生也 ◎副词,仅仅。

  然 ⎰ 虽**然**,受地于先王 ◎代词,这样。
  　　⎱ 秦王怫**然**怒 ◎形容词词尾,……的样子。

  夫 ⎰ 此庸**夫**之怒也 ◎名词,成年男子。
  　　⎱ **夫**专诸之刺王僚也 ◎句首发语词,表示将发表议论。

以 { **以**五百里之地易安陵 ◎介词,用。
以君为长者 ◎介词,把。
以五十里之地存者 ◎介词,凭。
徒**以**有先生也 ◎介词,因为。

- **词类活用**

  请**广**于君 ◎形容词用作动词,增广、扩充。
  天下**缟素** ◎名词用作动词,穿白衣丧服。

- **文言句式**

  受地于先王 ◎倒装句,介词结构后置,正确语序为"于先王受地"。
  愿终守之 ◎省略句,应为"我愿终守之"。
  否,非若是也 ◎判断句,"……,……也"表判断。

王老师说

《唐雎不辱使命》是一篇记叙文,全篇采用对话的形式,运用对比与映衬、渲染与烘托的艺术手法,将唐雎和秦王两人针锋相对、惊心动魄的辩论场面生动地展现出来,主要塑造了唐雎不畏强秦、敢于斗争的谋士形象和秦王色厉内荏、外强中干的小人形象。本文从三个部分记叙了这件事。

一、唐雎出使秦国的背景

魏国灭亡后,秦国想要用"易地"之名占有其附属国安陵国。不料,安陵君识破了秦王的骗局,他为了使国家安定,特意派遣唐雎出使秦国。

二、唐雎与秦王交涉的过程

唐雎表明自己坚决维护国土的立场,秦王却假仁假义地试图强迫唐雎屈服,矛盾进一步加剧;唐雎以"士之怒"反击秦王的"天子之怒",以专诸、聂政、要离行刺的故事示意自己要跟秦王拼命,以己之身换家国安危。

三、斗争的结局

秦王在唐雎强硬的攻势下,只得"长跪而谢之"表示屈服。唐雎赢得胜利,得以保全安陵这五十里的土地。

现在,安陵国被灭的时间已经不可考,但是唐雎保卫国家的故事永远在历史长河中流传。《战国策》中众多如唐雎一般的布衣、谋士,也曾为了家国,奔走不停、激烈论战。他们身上这种反抗强暴、英勇不屈的精神,永远值得我们敬佩和学习。

第六章

谏逐客书

让我们来认识一下李斯吧！

姓　名：李斯

性　别：男

生活时代：战国末至秦

人物背景：秦朝政治家。楚国上蔡（今河南上蔡西南）人。战国末期入秦，初为吕不韦舍人，后被秦始皇任为客卿。主张禁私学、焚《诗》《书》，对秦始皇统一六国文字起了较大作用。著有《谏逐客书》《行督责书》《言赵高书》《狱中上书》。

代表名句：

是以泰山不让土壤，故能成其大；河海不择细流，故能就其深。（《谏逐客书》）

夫物不产于秦，可宝者多；士不产于秦，而愿忠者众。（《谏逐客书》）

知人论世

有这样一位人物，历史上对他褒贬不一。有人认为他功绩卓著，对统一文字做出了巨大贡献，甚至推动了秦统一六国的进程；有人认为他对秦始皇提出"焚书"的建议，对古代文化典籍造成极大的破坏；还有人认为他唯利是图、助纣为虐……这个人就是李斯。

李斯出生在战国末期的楚国上蔡，据史料记载，他的家境应该不怎么富裕。他年轻时做过郡里的小吏，有一次，他在官署的厕所见到一些瘦得皮包骨的老鼠在吃脏东西，那些老鼠见到人和狗进来，就吓得四处逃窜。而后他又走到粮仓中，看到了几只正在偷吃粮食的老鼠，它们长得肥头大耳，住在宽阔的屋檐下，一

点忧虑也没有。于是李斯感慨道:"人就像这些老鼠,能不能有出息,全靠自己处于什么样的环境啊!"

李斯下定决心要改变自己的处境,于是他去找当时鼎鼎大名的思想家荀子拜师,学习帝王之术。与他同门的,还有著名的法家的代表人物韩非。

学成之后,李斯分析了当时各国的局势:六国衰弱,秦国崛起,强秦有统一天下、吞并六国的野心。这正是像他这样的能人志士大展拳脚的好时机。于是他向自己的老师请辞,并留下了这样的豪言壮语:"诟莫大于卑贱,而悲莫甚于穷困。久处卑贱之位,困苦之地,非世而恶利,自托于无为,此非士之情也。"大概的意思是,人如果长期处于贫困的境地,就会愤世嫉俗、厌恶名利,而他并不觉得名利有什么不好,相反,他还要竭尽全力去争取名利。

李斯进入秦国后,最开始做的是吕不韦的家臣。吕不韦就是著名成语故事"一字千金"的主人公。李斯通过吕不韦得到了游说秦王的机会,他对秦王说:"昔日秦穆公称霸,但是没有统一天下,那是因为当时周朝的德政还没有衰微,诸侯也很多。现在秦国强大了,其他六国臣服秦国,就好像是秦国的郡县一般,大王要抓住这个成就帝业的好时机啊!"于是,秦王听从李斯的计谋,让手下拿着金玉去贿赂各诸侯国中有名的谋士,离间其他诸侯国君臣之间的关系。之后,这些诸侯国内忧外患,轻易就被秦

国一一击破。

秦王喜不自胜，于是重用李斯，任命他为客卿。客卿是什么意思呢？客卿就是从其他诸侯国来到秦国做高官的人。除了李斯，秦国还有很多客卿，比如商鞅、张仪等。

李斯的出现，让秦王坚定了统一六国的决心。这时，秦国的邻居韩国坐不住了，如果秦国决定东并，那么首当其冲的就是韩国。于是韩国派水利专家郑国去秦国做间谍，让他劝秦王兴修水利渠道，分散秦国攻打邻国的心思。没想到渠道修到一半，秦国人就看出来了，秦国本国的大臣们都上书，请求秦王遣散那些来自其他诸侯国的官员。《谏逐客书》就是李斯为了劝阻秦王下逐客令而写下的奏章。

李斯出生在楚国上蔡。

李斯的老师是当时的大思想家荀子。

李斯是秦国的客卿。

李斯通过吕不韦的举荐见到秦王。

李斯与法家的代表人物韩非是同门。

李斯著有《谏逐客书》《行督责书》《言赵高书》《狱中上书》等。

李斯的一生是野心政治家的奋斗史。

谏逐客书 69

读一读 ·《谏逐客书》

读准字音，读准停顿，读懂语气

秦宗室大臣皆言秦王曰："诸侯人来事秦者，大抵为其主游间于秦耳，请一切逐客。"李斯议亦在逐中。

斯乃上书曰："臣闻吏议逐客，窃以为过矣。

"昔穆（mù）公求士，西取由余于戎，东得百里奚于宛（yuān），迎蹇（jiǎn）叔于宋，求丕豹、公孙支于晋。此五子者，不产于秦，而穆公用之，并国二十，遂霸西戎。孝公用商鞅之法，移风易俗，民以殷盛，国以富强，百姓乐用，诸侯亲服，获楚、魏之师，举地千里，至今治强。惠王用张仪之计，拔三川之地，西并巴、蜀，北收上郡，南取汉中，包九夷，制鄢（yān）、郢（yǐng），东据成皋之险，割膏腴之壤，遂散六国之从，使之西面事秦，功施（yì）到今。昭王得范雎（jū），废穰（ráng）侯，逐华阳，强公室，杜私门，蚕食诸侯，使秦成帝业。此四君者，皆以客之功。由此观之，客何负于秦哉？向使四君却客而不内，疏士而不用，是使国无富利之实，而秦无强大之名也。

"今陛下致昆山之玉，有随、和之宝，垂明月之珠，服太阿之剑，乘纤离之马，建翠凤之旗，树灵鼍（tuó）之鼓。此数宝者，秦不生一焉，而陛下说之，何也？必秦国之所生然后可，则是夜光之璧不饰朝廷，犀象之器不为玩好，郑、魏之女不充后宫，而骏良䮲（jué）騠（tí）不实外厩，江南金锡不为用，西蜀丹青不为采。所以饰后宫、充下陈、娱心意、说耳目者，必出于秦然后可，则是宛珠之簪、傅玑之珥（ěr）、阿（ē）缟之衣、锦绣之饰，不进于前，而随俗雅化、佳冶窈窕赵女不立于侧也。夫击瓮叩缶（fǒu），弹筝搏髀（bì），而歌呼呜呜、快耳目者，真秦之声也；郑、卫、桑间、《韶》《虞》《武》《象》者，异国之乐也。今弃击瓮而就郑卫，退弹筝而取韶、虞，若是者何也？快意当前，适观而已矣。今取人则不然。不问可否，不论曲直，非秦者去，为客者逐。然则是所重者在乎色、乐、珠、玉，而所轻者在乎人民也。此非所以跨海内、制诸侯之术也！

"臣闻地广者粟多，国大者人众，兵强则士勇。是以泰山不让土壤，故能成其大；河海不择细流，故能就其深；王者不却众庶，故能明其德。是以地无四方，民无异国，四时充美，鬼神降福，此五帝、三王之所以无敌也。今乃弃黔首以资敌国，却宾客以业诸侯，使天下之士退而不敢西向，裹足不入秦，此所谓'藉寇兵而赍（jī）盗粮'者也。

"夫物不产于秦，可宝者多；士不产于秦，而愿忠者众。今逐客以资敌国，损民以益仇，内自虚而外树怨于诸侯，求国之无危，不可得也！"

秦王乃除逐客之令，复李斯官。

古文 今译

秦国的宗室大臣都对秦王说:"从各诸侯国来侍奉秦国的人,大都是为了他们的君主来游说、离间秦国罢了,请把外来人一律驱逐出去。"李斯也在计划被驱逐的人中。

李斯于是上书秦王:"我听说官吏们在商议驱逐客卿,私下里认为(这种做法)是错误的。从前秦穆公寻求贤士,从西边的戎地聘请了由余,从东方的宛地得到百里奚,从宋国迎来蹇叔,从晋国招来丕豹、公孙支。这五位贤人,(都)不出生在秦国,可秦穆公重用他们,吞并了二十个小国,于是称霸西戎。秦孝公采用商鞅的新法,移风易俗,人民因此富裕,国家因此富强,百姓乐于为国效力,诸侯亲附归服,战胜楚国、魏国的军队,占领土地上千里,至今(国家)安定强盛。秦惠王采纳张仪的计策,攻取三川地区,西面兼并巴、蜀两地,北面收得上郡,南面攻取汉中,吞并了九夷之地,控制了楚国的鄢、郢,东面占据成皋这样的要隘,割取(别国的)肥田沃土,于是瓦解六国的合纵同盟,使他们朝西侍奉秦国,功绩一直延续到今天。昭王得到范雎,废黜穰侯,驱逐华阳君,巩固了王室的权力,抑制了贵族的势力,一步步吞并诸侯领土,使秦国成就帝王基业。这四位君主,都依靠了客卿的功劳。由此看来,客卿哪有什么对不住秦国的地方呢!倘若四位君主拒绝客卿而不予接纳,疏远贤士而不加任用,这就会使国家没有丰厚的实力,而秦国也就没有强大的名声了。

"如今陛下获得了昆仑山的美玉,有随侯珠、和氏璧之类的宝物,(衣饰上)缀着明月宝珠,(身上)佩带着太阿剑,骑着纤离马,树起以翠羽为饰的旗子,陈设蒙着灵鼍之皮的好鼓。这些宝贵之物,秦国一样都不出产,陛下却很喜欢它们,为什么呢?(如果)一定要是秦国出产的才能使用,那么夜光壁就不会装饰在秦国的朝堂,犀牛角、象牙雕成的器物,也不会成为供您观赏的好物,郑国、卫国的美女也不会填满陛下的后宫,骏马駃騠也不会充实到宫外的马厩,江南的金锡不会被用作器具,西蜀的丹青也不会被用作彩饰。用以装饰后宫、充实堂下的婢妾、(使您)赏心快意、愉悦耳目的都一定是秦国出产的才可用的话,那么用宛珠点缀的簪子,镶嵌着珠子的耳饰,齐国东阿生产的细绢,锦缎做成的饰物,(就都)不会进献到陛下面前;那些打扮入时、妖冶美好的赵国美女,也不会立于(陛下的)身旁。那敲击瓮、缶来奏乐,弹着秦筝,拍着大腿以应和节拍,呜呜呀呀地歌唱以快人耳目的,才是真正的秦国音乐;那郑国、卫国一带的音乐,《韶》《虞》《武》《象》等乐曲,都是异国的音乐。如今抛弃秦国敲击瓮的音乐,而用郑国、卫国一带的音乐,不弹秦筝而用《韶》《虞》,像这样做是为什么呢?还不是因为(能让)

谏逐客书 • 73

当时心情愉快，适合观听罢了。如今用人却不是这样，不问是否可用，不管是非曲直，不是秦国的人就要离开，凡是客卿都要驱逐。那么陛下所看重的只是美色、音乐、珠宝玉器，而所轻视的却是百姓。这不是能用来驾驭天下、制服诸侯的方法啊！

"我听说土地广阔粮食就多，国家强大人口就多，武器精良士兵就勇敢。因此，泰山不丢弃任何土壤，所以能成就它的高大；河海不舍弃细流，所以能成就它的深广；君王不拒绝民众，所以能彰明他的德行。因此，土地不分东西南北，百姓不论本国异国，（便）会一年四季富足美好，鬼神都来降下福运，这就是五帝三王无可匹敌的缘故。如今竟然抛弃百姓去帮助敌国，排斥宾客使之去成就其他国家，使天下的贤士退却而不敢西进，止步不入秦国，这就叫作'借武器给敌寇，送粮食给盗贼'啊。

"物品不出产于秦国，但值得珍视的有很多；贤士不出生于秦，但愿意效忠的（也）很多。如今驱逐宾客来资助敌国，减损百姓来增加敌国人口，在内削弱自己的国家，而在外与诸侯结怨，（这样下去）要使秦国没有危险，是不可能的啊！"

秦王于是废除了逐客令，恢复了李斯的官职。

知识 收藏夹

● **通假字**

遂散六国之**从** ◎通"纵",合纵。

向使四君却客而不**内** ◎通"纳",接纳。

此数宝者,秦不生一焉,而陛下**说**之 ◎通"悦",高兴,喜欢。

宛珠之簪、**傅**玑之珥 ◎通"附",附着。

● **词类活用**

西取由余于戎 ◎名词用作状语,向西。

国以富强,百姓**乐**用 ◎形容词的意动用法,以……为乐。

歌呼呜呜、**快**耳目者 ◎形容词的使动用法,使……愉快。

却宾客以**业**诸侯 ◎名词的使动用法,使……成就霸业。

内自虚而**外**树怨于诸侯 ◎名词用作状语,内,在内;外,在外。

● **文言句式**

此五子者,不产于秦 ◎倒装句,状语后置,正确语序是"不于秦产"。

国以富强,百姓乐用 ◎被动句,乐于为用。

此非所以跨海内、制诸侯之术也 ◎判断句,"……也"表判断。

内自虚而外树怨于诸侯 ◎倒装句,状语后置,正确语序为"内自虚而外于诸侯树怨"。

谏逐客书 ● 75

王老师 说

书是古代的一种文学体裁，它的功能多种多样，有抒情的，有写景的，还有谈论政治的。李斯的《谏逐客书》就属于最后一种。

本文首先以秦国历史上四位君主因任用客卿而成就帝业的事实，说明客卿的重要性。接着举出大量事实，运用类比，从正反两个方面进行论述。以秦王乐于享受各国之物与"非秦者去，为客者逐"作对比，说明重物轻人绝非一代英主所应为。然后进一步设喻，排比铺陈，说明逐客是"资敌国""益仇"的愚蠢行为，很具有说服力。最后又从理论上阐明纳客与逐客的利害关系，从而明确地表达出李斯对逐客的清醒认识，并有力地劝阻了秦王不要驱逐客卿。

《谏逐客书》告诉我们，作为秦国大臣的李斯对逐客一事有着清醒的认识，并且敢于向秦王提出建议。他虽是为自己申辩，但所说的道理正顺应历史发展的潮流。最后李斯阐述的道理也得到了秦王的认可，让秦王打消了逐客的念头。

第七章

屈原列传

让我们来认识一下司马迁吧！

姓　　名：司马迁
性　　别：男
生活时代：西汉
人物背景：字子长，夏阳（今陕西韩城南）人。西汉史学家、文学家。祖上是掌管周史的官员，年轻时曾游历南北，采集了许多历史传说。后来因为替李陵辩解，获罪下狱，受腐刑。其所著的作品《史记》是我国第一部纪传体通史，对后世史学与文学都有深远的影响。
代表名句：
人固有一死，或有重于泰山，或轻于鸿毛。（《报任安书》）

知人论世

屈原，芈姓，屈氏，名平，字原，战国时期楚国人。听到这里，大家心中可能有疑惑——为什么屈原不姓"屈"？古代关于姓氏的学问很大，南宋的郑樵在《通志·氏族序》里写道："三代之前，姓氏分而为二。男子称氏，妇人称姓。"这里的"三代"指的就是夏、商、周这三个朝代。这句话的意思是，在那个时候，称呼男子都用"氏"，称呼女子都用"姓"。而且《通志》里还说了，"姓"用来区分人们的血缘关系，同姓不通婚；"氏"用来区分人们的身份的贵贱，贵族有氏，平民有名无氏。

《左传》和《战国策》里就有许多鲜明的例子。比如，郑庄公的母亲武姜，齐桓公的三位夫人王姬、徐姬、蔡姬，"姜"和"姬"就是她们各自的姓。这是指女子。像姜太公，姜尚，我们也叫他吕尚，就是男子称氏的例子。

说回屈原，我们在读他的作品时，总感觉这个人很自傲，总是拿一些香草和美人来象征自己高尚的品格。其实，就当时屈原的身份和成就来讲，他一点也不自傲。

屈原出生在寅年寅月寅日，古人认为这个时辰很吉利，因此家里人都觉得屈原出生是天降祥兆，屈原自己也很自豪。屈原的家世很显赫，祖上很多人都曾在楚国担任要职。而且屈原从小就接受了良好的教育，博闻强识，很有才华。他的品行很端正，对自己的要求也很严格。

青年时期的屈原胸怀壮志，他希望能尽自己的力量，辅佐国君，让国家强大起来，百姓无忧无虑。起初，他担任楚国的左徒，因为干得很出色，楚怀王对他很重视。当时，朝堂上的一些奸臣很忌妒屈原，就对楚怀王说屈原的坏话。于是，屈原和楚怀王的关系就渐渐疏远了。

屈原失去了楚怀王的信任，他的政治理想也随之破灭。屈原的心中很难过，不过他还是希望有朝一日，楚怀王会改变主意。

楚怀王十六年（前313年），秦国派张仪贿赂楚国，企图打破楚与齐的"纵亲"。"纵亲"就是指齐、楚两国通过合纵的策略所形成的联盟。战国后期，秦国最为强大，齐、楚、燕、赵、韩、魏等国联合起来抵抗秦国的方式就叫"合纵"。怀王发现自己被骗之后，一怒之下，决定出兵讨伐秦国。但是事与愿违，最终楚国八万大军战死，被秦占领了大片的土地，国家实力也大大减弱了。楚怀王不能知人善任，被奸臣接二连三地欺骗，直到最后客死他乡也再没有重用屈原。楚怀王死后，屈原的境况并没有丝毫好转，不仅没有被堪以重任，还被逐出了楚国的国都郢，当郢都被秦军攻破后，他最后深感政治理想无法实现，就投汨罗江自尽了。

"路曼曼其修远兮,吾将上下而求索。"屈原在政治上不得志,却在文学上取得了不朽的成绩。他的文学造诣极高,还开创了"楚辞体"。在"楚辞体"出现之前,诗歌的形式比较固定,比如我们经常读的《诗经》,就是以四言为主。楚辞体的篇幅、字句较长,形式非常自由,具有浓厚的楚地色彩,而且结尾一般都有"兮"字。《离骚》《天问》《九章》《九歌》是屈原的代表作品,收录在西汉刘向编订的《楚辞》中。屈原的创作洋溢着一种积极的浪漫主义,又反映了现实社会中的种种矛盾,其突出的特点就是把对理想的狂热追求与艺术的想象结合起来。

今天要学习的《屈原列传》,节选自《史记·屈原贾生列传》,是关于屈原现存最早、最全面的资料,对我们了解屈原的生平有很大的帮助。

《屈原列传》出自《史记》。

屈原的代表作品有《离骚》《天问》《九章》《九歌》等。

屈原是战国时期楚国人。

屈原因为被奸臣忌妒，被楚怀王疏远，而无法实现政治理想。

屈原的文学造诣极高，还开创了"楚辞体"。

楚辞体的篇幅、字句较长，形式非常自由，具有浓厚的楚地色彩，而且结尾一般都有"兮"字。

志向高洁、才华横溢却怀才不遇的浪漫主义爱国诗人。

读一读 · 《屈原列传》

读准字音，读准停顿，读懂语气

屈原者，名平，楚之同姓也。为楚怀王左徒。博闻强志，明于治乱，娴于辞令。入则与王图议国事，以出号令，出则接遇宾客，应对诸侯。王甚任之。

上官大夫与之同列，争宠而心害其能。怀王使屈原造为宪令，屈平属（zhǔ）草稿未定，上官大夫见而欲夺之，屈平不与，因谗之曰："王使屈平为令，众莫不知，每一令出，平伐其功，曰以为'非我莫能为'也。"王怒而疏屈平。

屈平疾王听之不聪也，谗谄之蔽明也，邪曲之害公也，方正之不容也，故忧愁幽思而作《离骚》。离骚者，犹离忧也。夫天者，人之始也；父母者，人之本也。人穷则反本，故劳苦倦极，未尝不呼天也；疾痛惨怛，未尝不呼父母也。屈平正道直行，竭忠尽智以事其君，谗人间之，可谓穷矣。信而见疑，忠而被谤，能无怨乎？屈平之作《离骚》，盖自怨生也。《国风》好色而不淫，《小雅》怨诽而不乱。若《离骚》者，可谓兼之矣。上称帝喾（kù），下道齐桓，中述汤、武，以刺世事。明道德之广崇、治乱之条贯，靡不毕见。其文约，其辞微，其志洁，其行廉。其称文小而其指极大，举类迩而见义远。其志洁，故其称物芳；其行廉，故死而不容。自疏濯淖污泥之中，蝉蜕于浊秽，以浮游尘埃之外，不获世之滋垢，皭然泥而不滓者也。推此志也，虽与日月争光可也。

屈原既绌，其后秦欲伐齐，齐与楚从亲，惠王患之，乃令张仪详去秦，厚币委质事楚，曰："秦甚憎齐，齐与楚从亲，楚诚能绝齐，秦愿献商、於（wū）之地六百里。"楚怀王贪而信张仪，遂绝齐，使使如秦受地。张仪诈之曰："仪与王约六里，不闻六百里。"楚使怒去，归告怀王。怀王怒，大兴师伐秦。秦发兵击之，大破楚师于丹、淅，斩首八万，虏楚将屈匄（gài），遂取楚之汉中地。怀王乃悉发国中兵，以深入击秦，战于蓝田。魏闻之，袭楚至邓。楚兵惧，自秦归。而齐竟怒不救楚，楚大困。

明年，秦割汉中地与楚以和。楚王曰："不愿得地，愿得张仪而甘心焉。"张仪闻，乃曰："以一仪而当汉中地，臣请往如楚。"如楚，又因厚币用事者臣靳（jǐn）尚，而设诡辩于怀王之宠姬郑袖。怀王竟听郑袖，复释去张仪。是时屈原既疏，不复在位，使于齐，顾反，谏怀王曰："何不杀张仪？"怀王悔，追张仪不及。

其后诸侯共击楚，大破之，杀其将唐眛（mèi）。

时秦昭王与楚婚，欲与怀王会。怀王欲行，屈平曰："秦，虎狼之国，不可信，不如无行。"怀王稚子子兰劝王行："奈何绝秦欢？"怀王卒行。入武关，秦伏兵绝其后，因留怀王，以求割地。怀王怒，不听。亡走赵，赵不内。复之秦，竟死于秦而归葬。

　　长子顷襄王立，以其弟子兰为令尹。楚人既咎子兰以劝怀王入秦而不反也。

　　屈平既嫉之，虽放流，眷顾楚国，系心怀王，不忘欲反，冀幸君之一悟、俗之一改也。其存君兴国，而欲反覆之。一篇之中三致意焉。然终无可奈何，故不可以反，卒以此见怀王之终不悟也。人君无愚智、贤不肖，莫不欲求忠以自为，举贤以自佐，然亡国破家相随属，而圣君治国累世而不见者，其所谓忠者不忠，而所谓贤者不贤也。怀王以不知忠臣之分，故内惑于郑袖，外欺于张仪，疏屈平而信上官大夫、令尹子兰。兵挫地削，亡其六郡，身客死于秦，为天下笑。此不知人之祸也。《易》曰："井渫（xiè）不食，为我心恻，可以汲。王明，并受其福。"王之不明，岂足福哉？

令尹子兰闻之大怒，卒使上官大夫短屈原于顷襄王。顷襄王怒而迁之。

屈原至于江滨，被发行吟泽畔，颜色憔悴，形容枯槁。渔父见而问之曰："子非三闾大夫欤？何故而至此？"屈原曰："举世混浊而我独清，众人皆醉而我独醒，是以见放。"渔父曰："夫圣人者，不凝滞于物而能与世推移。举世混浊，何不随其流而扬其波？众人皆醉，何不铺其糟而啜其醨？何故怀瑾握瑜而自令见放为？"屈原曰："吾闻之，新沐者必弹冠，新浴者必振衣，人又谁能以身之察察，受物之汶汶者乎！宁赴常流而葬乎江鱼腹中耳，又安能以皓皓之白而蒙世之温蠖乎！"乃作《怀沙》之赋。于是怀石遂自投汨罗以死。

屈原既死之后，楚有宋玉、唐勒、景差之徒者，皆好辞而以赋见称。然皆祖屈原之从容辞令，终莫敢直谏。其后楚日以削，数十年竟为秦所灭。

自屈原沉汨罗后百有余年，汉有贾生，为长沙王太傅，过湘水，投书以吊屈原。

太史公曰：余读《离骚》《天问》《招魂》《哀郢》，悲其志。适长沙，观屈原所自沉渊，未尝不垂涕，想见其为人。及见贾生吊之，又怪屈原以彼其材，游诸侯，何国不容？而自令若是！读《鵩鸟赋》，同死生，轻去就，又爽然自失矣。

古文 今译

　　屈原，名平，是楚王室的同族。（他曾）担任楚怀王的左徒。见识广博，记忆力很强，明晓国家治乱（的道理），熟悉外交辞令。对内与怀王谋划商议国家大事，以发号施令；对外接待别国使者，应酬诸侯。怀王很信任他。

　　上官大夫和屈原地位相同，想争得怀王的宠信，因而忌妒屈原的才能。怀王让屈原制定国家法令，屈原撰写草稿尚未定稿，上官大夫见了想强取为己有（想邀功），屈原不同意，因此他（就在怀王面前）诋毁屈原："大王叫屈原制定法令，大家没有不知道的，每一项法令发出，屈原就夸耀自己的功劳，说'除了我，没有谁能做'。"怀王很生气，就疏远了屈原。

　　屈原痛心怀王听信谗言，不能明辨是非，说人坏话、奉承谄媚的小人混淆黑白，蒙蔽怀王，品行不正的小人损害国家，端方正直的人则不为（昏君谗臣）所容，所以忧愁苦闷，写下了《离骚》。"离骚"，相当于遭受忧患的意思。天是人类的原始，父母是人的根本。人（处境）困窘就会追念根本，所以疲倦困苦的时候，没有不向天呐喊的；遇到病痛或忧伤的时候，没有不呼唤父母的。屈原坚持正道，按道义做事，竭尽自己的忠诚和智慧来侍奉君主，谗邪的小人离间他和怀王，可以说是处于困境了。诚信却被怀疑，忠实却被诽谤，能够没有怨恨吗？屈原写《离骚》，大概是由怨愤引起的。《国风》虽然喜欢写男女爱情，但不失分寸。《小雅》怨愤发牢骚，但并未坏乱礼法。像《离骚》，可以说是兼有二者的特点了。往远处说提到帝喾，往近处说提到齐桓公，中间称述商汤和周武王，用来讽刺当时的政事。阐明道德的广大崇高，国家治乱兴亡的条理，无不完全表现出来。他的文笔简约，语辞含蓄隐晦，志趣高洁，行为廉正。其文辞描写的是寻常事物，但是它的主旨是博大的（因为关系到国家的治乱），举的事例浅近，而表达的意思十分深远。他志趣高洁，所以文章中陈述的事物也是芬芳的；他行为廉正，所以到死不容于世。（他）自动远离污浊，像蝉脱壳一样摆脱浊秽，浮游在尘世之外，不被尘世的污垢所辱，出淤泥而不染，保持高洁的品质。推究（屈原的）这种志向，即使和日月争辉，也是可以的。

屈原已被罢免，后来秦国准备攻打齐国，齐国和楚国结成合纵联盟互相亲善。秦惠王很担忧，就派张仪假装离开秦国，用丰厚的礼物呈献给楚王（表示愿意侍奉楚王），说："秦国非常憎恨齐国，齐国与楚国合纵相亲，如果楚国确实能和齐国断绝外交关系，秦国愿意献上商、於一带六百里的土地。"楚怀王贪心，信任了张仪，就和齐国断绝外交关系，派使者到秦国接受（秦国答应割让的）土地。张仪欺骗使者说："我和楚王约定的只是六里，没有听说过六百里。"楚国使者愤怒地离开（秦国），回去报告怀王。怀王发怒，大规模出动军队讨伐秦国。秦国发兵反击楚军，在丹水和淅水一带大破楚军，杀了八万人，俘虏了楚国的大将屈匄，于是夺取了楚国的汉中一带。怀王于是尽发全国兵力，深入秦地攻打秦国，（与秦兵）交战于蓝田。魏国听到这一消息，趁机袭击楚国，一直打到邓地。楚军恐惧，从秦国撤退。齐国终于因为气愤楚国（与自己断绝外交关系），不来援救，楚国处境极其困窘。

第二年，秦国割汉中之地与楚国讲和。楚王说："（我）不愿得到土地，只希望得到张仪就甘心了。"张仪听说后，就说："用一个张仪来抵汉中之地，我请求到楚国去。"到了楚国，（他）又用丰厚的礼品贿赂当权的大臣靳尚，让他在怀王的宠姬郑袖面前编造了一套谎话。怀王竟然听信了郑袖（的话），又放走了张仪。这时屈原已被疏远，不在原来的职位，出使到齐国了，回来后，（屈原）劝谏怀王："为什么不杀张仪？"怀王很后悔，（派人）追杀张仪，没追上。

后来，各国诸侯联合攻打楚国，大败楚军，杀了楚国将领唐眛。

这时秦昭王与楚国通婚，想要和怀王会面。怀王想去，屈原说："秦国是虎狼一样的国家，不可信任，不如不去。"

怀王的小儿子子兰劝怀王去，说："为什么（要）断绝和秦国的友好关系？"怀王终于前往。一进入武关，秦国的伏兵就截断了怀王的后路，于是扣留怀王，强求（楚国）割让土地。怀王很愤怒，没有答应。（他）逃往赵国，赵国不肯接纳，又回到秦国，最后死在秦国，尸体运回楚国安葬。

怀王的长子顷襄王即位，任用他的弟弟子兰为令尹。楚国人都怪罪子兰，因为他劝怀王入秦而导致怀王不能生还。

屈原也怨恨子兰，虽然被流放，仍然眷恋着楚国，心里挂念着怀王，念念不忘想要返回朝廷，希望国君彻底醒悟，世俗完全改变。屈原思念君王、振兴国家，想彻底改变楚国的形势。一篇作品中，再三表现出来（这种）想法。然而终于无可奈何，所以不能够返回朝廷。由此可以看出怀王始终没有醒悟啊。

国君无论愚笨或明智、贤明或不贤明，没有不想求得忠臣来为自己服务，选拔贤才来辅助自己的。然而国破家亡的事接连发生，而圣明的君主治理国家却多少世代没有出现，这就是他认为的忠臣并不忠诚，认为的贤臣并不贤明。怀王因为不明白忠臣的职分，所以在内被郑袖迷惑，在外被张仪欺骗，疏远屈原而信任上官大夫和令尹子兰，军队被挫败，土地被削减，失去了（汉中一带的）六个郡，自己（也）死在秦国，为天下人所耻笑。这是不能知人善任招致的祸患。

《易经》说："井水淘干净了，却没有人喝井里的水，这让人心里难过，因为井水是可以供人汲取饮用的。如果君王贤明，那么天下人都能得到福佑。"君王不贤明，难道还谈得上享福吗？

令尹子兰得知屈原怨恨他，非常愤怒，终于让上官大夫在顷襄王面前说屈原的坏话。顷襄王发怒，就放逐了屈原。

屈原到了江边，披散头发，在水边一面走，一面吟咏着。脸色憔悴，形体面貌像枯死的树木一样（毫无生气）。渔夫看见他，便问他道："您不是三闾大夫吗？为什么来到这儿？"屈原说："整个世界都是混浊的，只有我一人清白；众人都沉醉，只有我一人清醒。因此被放逐。"渔父说："聪明通达的人，不为外物所束缚，而能够随着世道变化而变化。整个世界都混浊，为什么不随大流并推波助澜呢？众人都沉醉，为什么不吃点酒糟，喝点薄酒？为什么要怀抱美玉一般的品质，却使自己被放逐呢？"屈原说："我听说，刚洗过头的人一定要弹去帽上的灰尘，刚洗过澡的人一定要抖掉衣上的尘土。谁能让自己清白的身躯，蒙受外物的污染呢？（我）宁可投入长流的大江，葬身于江鱼的腹中，又哪能拿自己高洁的品质，去蒙受世俗的尘垢呢！"于是写了《怀沙》这篇赋。（屈原）因此抱着石头，自投汨罗江而死。

屈原死了以后，楚国有宋玉、唐勒、景差等人，都爱好文学，而以善作赋被人称道。但他们都效法屈原辞令委婉含蓄的一面，始终不敢直言进谏。在这以后，楚国一天天削弱，几十年后，终于被秦国灭掉。

屈原自沉汨罗江后一百多年后，汉代出了个贾谊，担任长沙王的太傅。路过湘水时，写了《吊屈原赋》投到水中来凭吊屈原。

太史公说：我读《离骚》《天问》《招魂》《哀郢》，为屈原的志向不能实现而悲伤。到长沙，途中观看了屈原自沉的湘水，未尝不流下眼泪，推想他的为人。等看到贾谊凭吊他，又奇怪屈原如果凭他的才能去游说诸侯，哪个国家不会容纳，而自己却选择了这样的道路！（我）读了贾谊的《鹏鸟赋》，把生和死等同看待，认为被贬和任用是不重要的，这又使我感到茫然若有所失了。

> 知识 收藏夹

- **通假字**

  离骚者,犹**离**忧也 ◎通"罹",遭受。
  人穷则**反**本 ◎通"返",返回,这里是追念的意思。
  靡不毕**见** ◎通"现",显现。
  其称文小而其**指**极大 ◎通"旨",要旨,含义。
  自疏**濯**淖污泥之中 ◎通"浊",污浊。
  屈平既**绌** ◎通"黜",指被罢免官职。
  齐与**从**亲 ◎通"纵",合纵。
  乃令张仪**详**去秦 ◎通"佯",假装。
  厚币委**质**事楚 ◎通"贽",见面礼。
  亡走赵,赵不**内** ◎通"纳",接纳。
  被发行吟泽畔 ◎通"披",披着。

- **古今异义**

  《国风》**好色**而不淫 ◎古义:喜欢描写男女恋情。今义:(男性)沉溺于情欲,贪恋女性。
  设**诡辩**于怀王之宠姬郑袖 ◎古义:假话。今义:无理狡辩。
  形容枯槁 ◎古义:形,身形;容,面容。今义:形,身体(就外观而言);容,脸上的神情和气色。

- **一词多义**

  举 ⎰ **举**类迩而见以远 ◎动词,提出,举出。
     ⎱ **举**贤以自佐 ◎动词,推荐,推举。
     ⎱ **举**世混浊而我独清 ◎动词,全。

志 { 博闻强**志** ◎动词,记。
其**志**洁,其行廉 ◎名词,志向。

● **词类活用**

屈平疾王**听**之不聪也 ◎动词用作名词,听觉,听力。

谗谄之蔽明也 ◎动词用作名词,谗,说别人的坏话;谄,巴结、奉承。这里指说人坏话、奉承献媚的小人。

邪曲之害公也 ◎形容词用作名词,指品行不正的小人。

方正之不容也 ◎形容词用作名词,端方正直的人。

蝉蜕于**浊秽** ◎蝉蜕,名词用作状语,像蝉脱壳那样;浊秽,形容词用作名词,污浊的环境。

厚币委质事楚 ◎名词用作状语,用厚币,指用丰厚的礼物侍奉楚国。

时秦昭王与楚**婚** ◎名词用作动词,结为婚姻。

亡国**破**家相随属 ◎使动用法。亡,使……灭亡;破,使……破败。

内惑于郑袖,**外**欺于张仪 ◎名词用作状语。内,在朝廷内;外,在朝廷外。

其后楚**日**以削 ◎名词作状语,一天天地。

同生死,**轻**去就 ◎形容词用作动词。同,把……看作一样;轻,看轻,不看重。

屈原列传 ● 93

● **文言句式**

离骚者，犹离忧也 ◎判断句，"……者，……也"表判断。

信而见疑，忠而被谤 ◎被动句，"见……""被……"均表被动。

遂绝齐 ◎省略句/倒装句，介词结构后置，应为"遂于齐绝"，指与齐国断绝外交关系。

莫不欲求忠以自为 ◎倒装句，宾语前置，正确语序为"为自求忠"。

内惑于郑袖，外欺于张仪 ◎被动句，"于"是被动句的标志。

身客死于秦，为天下笑 ◎被动句，"为……"表被动。

人又谁能以身之察察，受物之汶汶者乎 ◎倒装句，定语后置，正确语序为"人又谁能以察察身，受汶汶物乎"。

数十年竟为秦所灭 ◎被动句，"为……所……"表被动。

王老师 说

《屈原列传》主要记叙屈原的生平事迹,特别是在政治上的悲惨遭遇,采用议论、叙事与抒情相结合的方法,生动形象地描绘出屈原坚贞不屈、忠贞爱国的伟大诗人形象。本文分为四个部分。

第一部分重在叙事,以简短的篇幅交代了屈原的身世、才能和任职,其中特别强调了才能。"博闻强志""明于治乱""娴于辞令"都是对屈原"内美"的高度评价。下文写屈原因受到忌妒陷害遭遇不幸,也从侧面写出了楚怀王猜忌能臣、用人不专的特点。

第二部分的篇幅较长,用议论的手法使得屈原的形象更加丰满,其中重点议论了屈原的不朽名作《离骚》,展现了屈原不与世俗同流合污的鲜明立场和斗争精神,以及志洁行廉、刚正不阿的高尚品德。

第三部分仍以叙事为主,历数在楚怀王昏庸的统治之下,楚国在政治上、外交上、军事上遭遇的一系列挫败,如此行文,意在表明下文"怀王以不知忠臣之分……此不知人之祸也"。议论了国君知人善任的必要性,也从侧面点明屈原的"美政"理想终究无法实现的残酷事实。

第四部分叙写屈原自沉汨罗江的经过,以及屈原死后的影响,以人物对话代替议论,既述屈原之志,也抒司马迁之情。其中重点叙述了屈原与渔父的两次对话,"举世混浊而我独清,众人皆醉而我独醒"揭示出屈原的悲剧是时代的悲剧，进一步突出屈原的高贵品质：决不同流合污、苟且偷生。

屈原的悲剧让人不胜唏嘘，但他的忠君爱国、"上下求索"的精神，永远激励着人们奋勇前行。

第八章 报任安书（节选）

让我们来认识一下司马迁吧！

姓　　名：司马迁

性　　别：男

生活时代：西汉

人物背景：字子长，夏阳（今陕西韩城南）人。西汉史学家、文学家。祖上是掌管周史的官员，年轻时曾游历南北，采集了许多历史传说。后来因为替李陵辩解，获罪下狱，受腐刑。其所著的作品《史记》是我国第一部纪传体通史，对后世史学与文学都有深远的影响。

代表名句：

桃李不言，下自成蹊。（《史记·李将军列传》）

好学深思，心知其意。（《史记·五帝本纪》）

知人论世

从古至今，历朝历代的史学家不计其数，我们能叫得出名字的却寥寥无几。司马迁为什么能在众多史学家中脱颖而出、名留青史呢？这就不可不提司马迁与《史记》的故事。

司马迁能成为史学家，跟他的家庭有很大关系。司马迁祖上是掌管周史的官员，到了司马迁的父亲司马谈这一代，已经过去约七百年了。在这期间，因为时局动荡，司马家的人就不专做史官了，有的做了谋士，有的做了一国之相，有的甚至做了主管炼铁的官……所以，成为太史令（当时掌管天文观测和推算节气历法的长官）之后，司马谈总觉得自己背负了前人的使命，不能将祖宗的事业葬送在自己手中。

司马谈喜欢自己的工作，他喜欢研究天文，也喜欢研究黄老之学，他钻研了当时流行的阴阳、儒、墨、名、法、道等先秦各派学说，将自己研究的成果写成《论六家之要指》。司马谈懂得的知识很多，但并不治理民事。

司马迁在很小的时候就非常喜欢读书，这或许是受了司马谈的影响。不过与父亲不同的是，司马迁还喜欢四处游历，增长见闻。年轻的时候，司马迁就去过南方的长江、湘江，北方的齐、鲁一

带……他几乎把全国各地跑了个遍。一路上，他听说很多古老奇异的传说，见识到了很多书中没有提及的风俗文化。

　　有一次，司马迁奉命出使巴、蜀以南的地区，那时他的职位是郎中。郎中这个官很小，相当于皇帝的侍从。回京城复命的时候，司马迁恰好路过洛阳，他打算去看望一下自己的父亲。当时，天子正在举行封禅大典，司马谈因为滞留在洛阳没能参加，竟急得生了大病。司马谈在弥留之际拉着司马迁的手说："我们的祖先是周朝的太史，远在上古的虞舜时期就取得过显赫的功名，主管天文工作。后来我们司马氏衰落了，难道这项事业要断送在我手里吗？你如果能继任为太史，就可以接续我们祖先的事业了。我死以后，你一定要做太史；做了太史，你千万不要忘记我想要完成的论著啊。从鲁哀公十四年（前481年）到现在四百多年，因为诸侯相互兼并，史籍散佚，无法记载。现在汉朝兴起，海内统一，那些明主贤臣、为道义而死的人，我都没有将他们记载下来。你一定要帮我完成这件事啊！"司马迁答应了父亲，在司马谈去世三年后，他当上了太史令。

这样过了七年，司马迁正全身心撰写《史记》时，一场飞来横祸彻底改变了他的一生。汉朝有一员大将叫李陵，他和他的爷爷——飞将军李广一样骁勇善战。天汉二年（前99年）秋天，汉武帝派宠妃的哥哥李广利担任贰师将军，让他带领骑兵到祁连山一带攻打匈奴的右贤王。李广利便派手下李陵率领五千名射手步兵去分散匈奴的注意力，这样匈奴就不会追赶自己的主力部队了。李陵和士兵们虽然可以以一当十，但终究还是寡不敌众，士兵们死伤大半。于是，李陵和残存的士兵一边战斗一边撤退。这时匈奴发现自己越走越远，都快到了边塞，他们害怕汉军在那边有伏兵，就打算退军。没想到这时李陵的军中出了个叛徒管敢，管敢因为之前李陵处罚过他怀恨在心，就跑到匈奴那里，告诉他们其实李陵没有援军。最后，匈奴包围了李陵的军队，而李陵这边救兵迟迟没有赶到，粮食也断绝了，走投无路，只能投降于匈奴。

李陵投降这件事传到朝廷，满朝文武都怪罪李陵。司马迁这个人很正义,他觉得李陵以少敌多,进退两难,投降也是迫不得已的事,就替李陵说了几句公道话。结果汉武帝以为司马迁是在暗讽李广利不去救援,为李陵投降找借口,大发雷霆,将司马迁关进监狱。作为一个小小的史官,司马迁也没有那么多钱替自己赎罪,他也不能抛弃未完成的事业选择死亡,只能用宫刑来代替死刑。

司马迁曾经说过:"受到宫刑以后,自己不敢见人,都不知道该去哪里。一想到自己的处境,汗就能把衣服打湿。"不过也正因为人生这些另类的、痛苦的经历,司马迁对待历史人物的观点和看法发生了巨大的变化。可以看出,《史记》与之前的史籍相比，不再只有单纯地叙事，还有对历史人物的深刻剖析。

历史上很多名人都曾经对《史记》有过很高的评价，比如《汉书》的作者班固评价它"其文直，其事核，不虚美，不隐恶"，鲁迅评价它"史家之绝唱，无韵之离骚"。《史记》还被公认为是中国史书的典范，记载了从传说中的黄帝到汉武帝三千年左右的历史，居"二十四史"之首。

汉武帝晚年有一个著名的事件，叫巫蛊之祸。当时巫蛊之术盛行，武帝认为自己晚年多病，一定是亲近的人给自己下了诅咒，于是让自己的宠臣江充去彻查这件事。江充和太子刘据素来有嫌隙，就污蔑太子私藏了诅咒武帝的木偶。太子内心很害怕，起兵诛杀了江充。那时民间都在传太子要造反，武帝听说了，就发兵镇压，太子下令让任安出兵反抗，但是任安没有听从。最后，太子畏罪自杀了。后来，武帝知道了太子是被冤枉的，彻查这件事的时候，认为任安是在坐观成败，很是生气，就下令将任安腰斩了。任安曾在几年前写信给司马迁，希望司马迁能推举贤士，《报任安书》就是司马迁在任安下狱临刑之前写给任安的一篇回信。

- 司马迁不仅喜欢读书，还喜欢四处游历，增长见闻。
- 司马迁祖上是掌管周史的官员，到了司马迁的父亲司马谈这一代，已经过去约七百年了。
- 司马谈懂得的知识很多，但并不治理民事。
- 在司马谈去世三年后，司马迁当上了太史令。
- 司马迁因为替李陵说了几句公道话，遭受了宫刑。
- 司马谈喜欢研究天文，也喜欢研究黄老之学，他将自己研究的成果写成《论六家之要指》。
- 年轻的时候，司马迁就去过南方的长江、湘江，北方的齐、鲁一带……他几乎把全国各地跑了个遍。
- 《史记》与之前的史籍相比，不再只有单纯地叙事，还有对历史人物的深刻剖析。
- 《汉书》的作者班固评价《史记》"其文直，其事核，不虚美，不隐恶"，鲁迅评价《史记》"史家之绝唱，无韵之离骚"。

> 史家之绝唱，无韵之离骚。

读一读 · 《报任安书》（节选）

读准字音，读准停顿，读懂语气

古者富贵而名磨灭，不可胜记，唯倜傥非常之人称焉。盖文王拘而演《周易》；仲尼厄而作《春秋》；屈原放逐，乃赋《离骚》；左丘失明，厥有《国语》；孙子膑脚，兵法修列；不韦迁蜀，世传《吕览》；韩非囚秦，《说难》《孤愤》；《诗》三百篇，大底贤圣发愤之所为作也。此人皆意有所郁结，不得通其道，故述往事，思来者。乃如左丘无目，孙子断足，终不可用，退而论书策以舒其愤，思垂空文以自见。仆窃不逊，近自托于无能之辞，网罗天下放失旧闻，略考其事，综其终始，稽其成败兴坏之纪，上计轩辕，下至于兹，为十表、本纪十二、书八章、世家三十、列传七十，凡百三十篇。亦欲以究天人之际，通古今之变，成一家之言。草创未就，会遭此祸，惜其不成，是以就极刑而无愠色。仆诚以著此书，藏之名山，传之其人、通邑大都，则仆偿前辱之责，虽万被戮，岂有悔哉！然此可为智者道，难为俗人言也。

古文今译

古时候，生前富贵而死后湮没无闻的人，多得数不清，只有卓越不凡、不同寻常的人才能被后人称道。周文王被拘禁而推演出《周易》；孔子受困窘而创作出《春秋》；屈原被放逐，才写出《离骚》；左丘明双目失明，才有《国语》。孙膑被剜去膝盖骨，兵法才撰写出来；吕不韦迁居蜀地，后世（才能）流传《吕氏春秋》；韩非被囚禁在秦国，写出《说难》《孤愤》；《诗经》三百篇，大都是贤人、圣人抒发（内心的）愤懑而写作的。这些人都是心里抑郁闷结，得不到宣泄，所以记述过去的事情，让将来的人了解他的志向。至于左丘明失明，孙膑断了双脚，终生不能被人重用，（便）退隐著书立说来抒发他们的愤懑，希望文章流传后世使后人能够了解自己。我私下不自量力，近来依靠不高明的文辞，收集天下散失的传闻，粗略地考订其事实，综述其事实的本末，考察其成败盛衰的规律，上自黄帝，下至当今，写成十篇表、十二篇本纪、八篇书、三十篇世家、七十篇列传，一共一百三十篇。也是想用来探究自然与人事之间的关系，通晓由古到今的变化，建立一家的言论。还没有写完，就遭遇到这场灾祸，（我）痛惜这部书没有完成，因此便接受了最残酷的刑罚却毫无怒色。如果我真正已经写完了这部书，把它藏进名山，传给可传的人和交通发达的大都市，（那么，）我便抵偿了以前受侮辱的债，即便是被千次万次侮辱，又有什么可后悔的呢！然而这些话只能对智者去说，（却）很难向世俗之人讲清楚啊！

知识 收藏夹

- **通假字**

  思垂空文以自见 ◎通"现",显示。

  则仆偿前辱之责 ◎通"债",此处指下狱受宫刑。

- **古今异义**

  唯倜傥非常之人称焉 ◎古义:不同寻常 今义:副词,十分;极。

- **一词多义**

  通 { 通古今之变 ◎动词,通晓。
       通邑大都 ◎形容词,畅通,没有阻碍。

- **词类活用**

  古者富贵而名磨灭 ◎形容词用作名词,富贵的人。

  孙子膑脚 ◎名词用作动词,剔掉膝盖骨。

- **文言句式**

  盖文王拘而演《周易》 ◎被动句,无任何标志,根据上下文的意思补出。

  《诗》三百篇,大底贤圣发愤之所为作也 ◎判断句,"……,……也"表判断。

王老师 说

　　《报任安书》是我国古代文学史上第一篇富于抒情性的长篇书信，也是司马迁除《史记》外为数不多的作品。

　　《报任安书》的内容极其丰富，信中司马迁向任安解释了自己没有及时回信的原因，如何惹上祸端，为什么甘愿受辱，以及受刑以后是什么信念支撑他顽强活下去的。

　　本文选取的"古者富贵而名磨灭"到"难为俗人言也"这部分，作者运用典故和排比，进一步说明自己受腐刑后隐忍苟活是为了完成《史记》。可分为两部分：第一部分从"古者富贵而名磨灭"至"思垂空文以自见"，列举古代被人称颂的"倜傥非常之人"受辱后"论书策以舒其愤"的例子；第二部分是介绍《史记》的体例和宗旨。

　　《报任安书》将叙事、议论和抒情融为一体，情怀慷慨，言论剀切，催人泪下，是一篇激切感人的至情之作，表现了司马迁崇高的人生信念和为《史记》献身的精神，体现出司马迁进步的生死观。

第九章 过秦论 上

让我们来认识一下贾谊吧!

姓　名：贾谊
性　别：男
生活时代：西汉
人物背景：西汉政论家、文学家,洛阳(今属河南)人,时称贾生。少有才名,先后担任博士、太中大夫、长沙太傅等职位。代表作品有《吊屈原赋》《鵩鸟赋》《陈政事疏》《过秦论》等。
代表名句：夫积贮者,天下之大命也。(《论积贮疏》)
凡人之智,能见已然,不能见将然。(《陈政事疏》)

知人论世

　　在屈原投汨罗江一百多年后,有一位官场失意的人也曾路过湘水,他还写了一篇文章投到水里纪念屈原,这个人就是贾谊。

　　贾谊是洛阳人,少有才名,十八岁的时候就十分博学,文章写得也很好,郡里的人都知道他。当时的河南太守吴公听说贾谊很有才华,就把他召到自己的门下,对他非常器重。

　　后来汉文帝登基,听说河南郡治理有方,就给吴公升了官。吴公顺便向汉文帝举荐了贾谊,他对汉文帝说:"贾谊这个人年

纪轻轻就精通诸子百家的典籍，很了不起啊！"于是，汉文帝就任命贾谊为博士。博士的主要职责就是掌管图书，还要博通古今，皇帝有问题的时候要引经据典帮皇帝解答疑惑。那一年，贾谊才二十多岁，是当时博士里面最年轻的。有时候，皇帝下来诏令让博士们讨论时，那些老先生都说不出什么，贾谊却对答如流，侃侃而谈。

汉文帝对贾谊越来越欣赏，一年之内便把他破格提拔为太中大夫。在这期间，贾谊颇有建树，提出了一系列改革措施。汉文帝因他表现出众，想提拔他做高官。这一举动遭到了一众大臣的忌妒，他们向皇帝进言，诽谤贾谊"年少初学，专欲擅权，纷乱诸事"。汉文帝信以为真，开始疏远贾谊，不再听从他的意见。

文帝四年（前176年），贾谊被外放为长沙王太傅，也就是离开京城去做长沙王的老师。在去长沙的途中，贾谊路过湘江。他觉得自己与屈原的遭遇类似，有感而发，写出了《吊屈原赋》这一名篇。贾谊谪居长沙几年后，汉文帝忽然想起了他，便将他征召入京。恰逢汉文帝有一些不懂的事情，就向贾谊请教。二人一直谈论到深夜，最后汉文帝说："我很久没看到贾生了，自以为超过了他，今天看来，还是比不上他啊。"

这次回到长安，贾谊依旧未被委以重任，做了梁怀王太傅。梁怀王是汉文帝非常喜欢的小儿子，特别喜欢读书。在任期间，贾谊也不忘关心国家大事。当时汉朝的诸侯国很多，有的诸侯国过于强大，贾谊认为这势必会引起祸患，于是多次上书汉文帝，请求削减诸侯的封地，但汉文帝并没有听从他的建议。

文帝十一年（前169年），贾谊随梁怀王入朝，梁怀王不慎坠马而死。贾谊觉得自己身为太傅，没有尽到责任，深深自责，经常哭泣，最后抑郁而亡，年仅三十三岁。

贾谊不仅当官很有想法，在文学上也颇有造诣，他所作的辞赋皆为骚体，形式趋于散体化，是汉赋发展的先声，以《吊屈原赋》《鹏鸟赋》最为著名。

贾谊二十多岁就担任博士一职。

贾谊是西汉初年著名的政论家、文学家。

贾谊因为梁怀王坠马身亡，自责忧郁而亡。

贾谊遭人忌妒，被汉文帝贬为长沙太傅。

贾谊的代表作是《鹏鸟赋》《吊屈原赋》等。

"论"是古代文体的一种，也是论说文的通称，包括政论、史论、文论等，主要目的是论断事理。以"论"为体的文章大都说理透彻、气势充沛，既有说理性，又有文学性。

过秦论上

读一读 · 《过秦论》

读准字音，读准停顿，读懂语气

秦孝公据崤（xiáo）、函之固，拥雍州之地，君臣固守，以窥周室。有席卷天下、包举宇内、囊括四海之意，并吞八荒之心。当是时也，商君佐之，内立法度，务耕织，修守战之具；外连衡而斗诸侯。于是秦人拱手而取西河之外。

孝公既没，惠文、武、昭蒙故业，因遗策，南取汉中，西举巴蜀，东割膏腴之地，收要害之郡。诸侯恐惧，会盟而谋弱秦，不爱珍器、重宝、肥饶之地，以致天下之士，合从（zòng）缔交，相与为一。当此之时，齐有孟尝，赵有平原，楚有春申，魏有信陵。此四君者，皆明智而忠信，宽厚而爱人，尊贤而重士，约从离衡，兼韩、魏、燕、赵、宋、卫、中山之众。于是六国之士，有宁越、徐尚、苏秦、杜赫之属为之谋，齐明、周最、陈轸、召滑、楼缓、翟景、苏厉、乐毅之徒通其意，吴起、孙膑、带佗、兒良、王廖、田忌、廉颇、赵奢之伦制其兵。尝以什倍之地、百万之众，叩关而攻秦。秦人开关延敌，九国之师遁逃而不敢进。秦无亡矢遗镞（zú）之费，而天下诸侯已困矣。于是从散约解，争割地而赂秦。秦有余力而制其弊，追亡逐北，伏尸百万，流血漂橹（lǔ）。因利乘便，宰割天下，分裂河山。强国请服，弱国入朝。施（yì）及孝文王、庄襄王，享国之日浅，国家无事。

及至始皇，奋六世之余烈，振长策而御宇内，吞二周而亡诸侯，履至尊而制六合，执敲扑以鞭笞天下，威振四海。南取百越之地，以为桂林、象郡。百越之君俯首系颈，委命下吏。乃使蒙恬北筑长城而守藩篱，却匈奴七百余里，胡人不敢南下而牧马，士不敢弯弓而报怨。于是废先王之道，燔（fán）百家之言，以愚黔首。隳（huī）名城，杀豪俊，收天下之兵聚之咸阳，销锋镝，铸以为金人十二，以弱天下之民。然后践华为城，因河为池，据亿丈之城，临不测之溪以为固。良将劲弩，守要害之处，信臣精卒，陈利兵而谁何。天下已定，始皇之心，自以为关中之固，金城千里，子孙帝王万世之业也。始皇既没，余威震于殊俗。

然而陈涉，瓮牖（yǒu）绳枢之子，氓隶之人，而迁徙之徒也，材能不及中庸，非有仲尼、墨翟（dí）之贤，陶朱、猗顿之富，蹑足行伍之间，俯起阡陌之中，率罢（pí）弊之卒，将数百之众，转而攻秦。斩木为兵，揭竿为旗，天下云集而响应，赢粮而景从，山东豪俊遂并起而亡秦族矣。

且夫天下非小弱也，雍州之地，殽、函之固，自若也；陈涉之位，不尊于齐、楚、燕、赵、韩、魏、宋、卫、中山之君也；锄櫌（yōu）、棘矜，不铦（xiān）于钩、戟、长铩（shā）也；谪戍之众，非抗于九国之师也；深谋远虑，行军用兵之道，非及曩（nǎng）时之士也，然而成败异变，功业相反。

过秦论上 ● 115

试使山东之国与陈涉度（duó）长絜（xié）大，比权量力，则不可同年而语矣。然秦以区区之地，致万乘之权，招八州而朝同列，百有余年矣。然后以六合为家，崤、函为宫。一夫作难而七庙隳，身死人手，为天下笑者，何也？仁义不施，而攻守之势异也。

古文 今译

　　秦孝公占据崤山、函谷关的险固地势，拥有雍州的土地，（秦国的）国君、臣子牢固据守来窥伺周王室。有席卷天下、控制九州、征服四海的意图，并吞八方的野心。在那时，商鞅辅佐秦孝公，对内制定法令制度，致力于耕种纺织，修造防守进攻的武器；对外实行连横策略，使诸侯各国互相争斗。于是秦国人毫不费力地取得了西河之外的土地。

　　秦孝公死后，惠文王、武王、昭襄王继承已有的基业，沿袭前代的政策，向南攻取汉中，向西吞并巴蜀，向东割取肥沃的土地，收服政治、经济、军事上都重要的地区。诸侯恐慌害怕，聚会结盟，谋求削弱秦国的办法，（他们）不吝惜珍奇贵重的器物、重要的宝物、肥沃富饶的土地，用来招揽天下的贤士，用合纵的策略订立盟约，相互结成一体。在那时，齐国有孟尝君，赵国有平原君，楚国有春申君，魏国有信陵君。这四位君子，都明理多智、忠诚守信，宽仁厚道、爱护人民，尊敬贤人、重用士人，相约实行合纵政策，击破秦国的连横策略，联合了韩国、魏国、燕国、赵国、宋国、卫国、中山国的军队。于是，六国的士人，有宁越、徐尚、苏秦、杜赫这些人替他们谋划；有齐明、周最、陈轸、召滑、楼缓、翟景、苏厉、乐毅这些人为他们互通信息；有吴起、孙膑、带佗、倪良、王廖、田忌、廉颇、赵奢这些人统率他们的军队。（他们）曾经用十倍于秦国的土地，上百万的军队，攻打函谷关，进攻秦国。秦国人打开函谷关的大门来迎接敌人，九国的军队，却躲避逃跑，不敢进去。秦国没有消耗一支箭、一个箭头，天下的诸侯就已经窘迫不堪了。于是，合纵解散、盟约失效，六国争着割地去贿赂秦国。秦国有余力抓住六国的弱点来制服他们，追逐逃走的败兵，伏尸遍地，流的血能让盾牌漂浮起来。（秦国）趁着有利的形势，割取天下的土地，使各国山河分裂。强国请求归服，弱国前来朝拜。延续到孝文王、庄襄王，他们执政的时间很短，秦国没有什么大事。

　　到了秦始皇在位的时候，他继续发扬前面六代君主遗留下来的功业，举起长鞭来驾驭各国，吞并了东周和西周，灭掉了各诸侯国，登上最尊贵的皇帝宝座来统治天下，拿着行刑用的棍杖（指严酷的刑罚）来奴役天下的百姓，威势震慑四海。向南攻取了百越的土地，设置了桂林郡和象郡。百越的君主们低着头，颈上捆着绳子，把自己的性命交给了秦的下级官吏（这里指狱官）。于是派蒙恬在北方修筑长城来守卫边境，使匈奴退却七百多里。匈奴人不敢南下牧马，勇士不敢拉弓射箭来报仇。于是（秦始皇）废除了古代圣王之道，烧毁了诸子百家的著作，以便愚化百姓。（他）毁坏著名的城邑，杀害英雄豪杰，收缴天下的兵器，把它们集中在咸阳，销熔锋刃和箭头，铸成十二个金人，以便削弱天下百姓。然后，（秦始皇）凭借华山，将它当作城墙，倚靠黄河，把它当作护城河，依靠着亿丈高的城墙，面对着深不可测的河水，认为非常坚固。优秀的将领（手执）强有力的弓弩，把守着险要的地方，可靠的大臣、精锐的士卒，握着锋利的武器，查问过往的行人。天下已经平定，秦始皇的心里，自认为关中这样险固的地势，方圆千里的坚固的城池，正是子孙万代称帝称王的基业。秦始皇死了以后，他的余威仍然震慑着边远地区。

可陈涉不过是个用瓮做窗户，用草绳系门轴的穷人，是低贱的种田人，被征发戍边的人，才能比不上普通人，没有孔子、墨子那样的才能，没有陶朱、猗顿的财富，置身于戍边的队伍当中，在田野之间勉力崛起，率领着疲惫的士兵，指挥着几百人的队伍，掉转头来进攻秦朝。（他们）砍削树木做武器，举起竹竿当旗帜，天下的百姓像云一样聚集，像回声那样应和他，担着粮食如同影子一样跟着他。崤山以东的英雄豪杰于是共同起事灭亡了秦朝。

况且秦朝的天下并没有变小变弱，雍州的地势，崤山和函谷关的险固，（还是）像从前那样；陈涉的地位，并不比齐国、楚国、燕国、赵国、韩国、魏国、宋国、卫国、中山国的国君尊贵；农具和木棍，并不比钩戟长矛锋利；

被征发戍边的士卒，并不比九国的军队强大；深谋远虑，行军用兵的策略，也比不上先前六国的谋士。但是，结果发生变化，功业完全相反。假使让崤山以东的各诸侯国跟陈涉量量长短、比比大小，比较彼此的权势、衡量实力，那简直不能相提并论。然而秦国凭借狭小的地盘，发展到拥有万辆兵车的国势，招来八州的诸侯，使他们称臣，已有一百多年了。然后才将天下作为一家私产，把崤山、函谷关作为宫殿。陈涉一人发难就使（秦朝的）宗庙毁灭，连秦朝皇帝自己都死在人家手里，被天下人耻笑，这是什么缘故呢？就是因为不施行仁义，进攻与防守的形势发生了变化啊。

知识收藏夹

● **通假字**

秦孝公据殽、函之固 ◎通"崤",崤山。

外连衡而斗诸侯 / 约从离横 ◎衡,通"横",连横是一种离间六国,使他们各自同秦国联合,从而逐个击破的策略;从,通"纵",指战国时期六国联合起来共同对付秦国的策略,称为"合纵"。

孝公既没 ◎通"殁",死亡。

百越之君俛首系颈 ◎通"俯"。

销锋镝 ◎通"镝",箭头。

陈利兵而谁何 ◎通"呵",呵斥。

俛起阡陌之中 ◎通"勉",尽力。

赢粮而景从 ◎通"影",像影子一样。

非抗于九国之师也 ◎通"亢",高出,超出。

● **古今异义**

铸以为金人十二 ◎古义:把……做成。今义:认为。

山东豪俊遂并起而亡秦族矣 ◎古义:崤山以东,代指东方诸国。今义:指山东省。

● **一词多义**

固 ⎰ 据崤、函之固 ◎名词,险固地势。
　　 君臣固守,以窥周室 ◎副词,牢固地。
　　 临不测之溪以为固 ◎形容词,坚固。

过秦论上 ● 121

亡 { 秦无**亡**矢遗镞之费 ◎动词，失去，丢失。
追**亡**逐北 ◎名词，逃亡，指逃亡的军队。

制 { 吴起……赵奢之伦**制**其兵 ◎动词，统率。
秦有余力而**制**其弊 ◎动词，抓住。
履至尊而**制**六合 ◎动词，统治。

● **词类活用**

内立法度，务耕织，修守战之具 ◎名词用作状语，内，对内。
外连衡而**斗**诸侯 ◎斗，使动用法，使……争斗。
南取百越之地，以为桂林、象郡 ◎方位名词用作状语，向南。
天下云集响应，赢粮而**景**从 ◎名词用作状语，像影子一样。
且夫天下非**小弱**也 ◎形容词用作动词，小，变小；弱，变弱。
招八州而**朝**同列 ◎使动用法，使……朝拜。

● **文言句式**

伏尸百万 ◎倒装句，定语后置，正确语序为"伏百万尸"。
自以为关中之固，金城千里，子孙帝王万世之业也 ◎判断句，"……也"表判断。
身死人手 ◎省略句，身死于人手。
为天下笑者，何也？ ◎被动句，"为……"是被动句的标志。
仁义不施，而攻守之势异也 ◎倒装句，宾语前置，正确的语序为"不施仁义，而攻守之势异也"。

王老师 说

　　西汉刚刚建国不久，一些社会矛盾逐渐显露出来。贾谊作为一位贤臣，希望能够帮助皇帝改革政治、巩固统治，所以写了《过秦论》这篇文章献给汉文帝。《过秦论》旨在分析"秦之过"，即总结秦灭亡的教训，共有三篇，本文是其中写得最好、影响最大的一篇。

　　本文可为两个部分。第一部分，运用铺排和对比手法把具体史实贯串起来，分析了秦自孝公到秦始皇逐渐强大的原因，即具有地理的优势，实行变法图强，采用正确的战争策略，几世秦王苦心经营等。同时运用烘云托月的手法，以"四君""九国之师""六国之士"这些强敌，反衬出秦的强大、势不可当。但秦越强大越自负，反而显出秦的目光短浅，也为结尾的议论蓄势。第二部分是"论"和"断"，仍用对比手法把秦由盛转衰的原因综合到一起，发表议论，然后得出了秦亡在于"仁义不施"的结论。

　　本文用赋的手法来写说理散文，多用排比句和对偶句，气势充沛，一气呵成。另外，本文虽是议论文，但叙事所占篇幅极多，在叙述秦兴衰存亡的历史中，又融入了作者的观点，极具说服力。

第十章 前出师表

让我们来认识一下诸葛亮吧!

姓　名：诸葛亮
性　别：男
生活时代：三国时期
人物背景：三国蜀汉政治家、军事家。字孔明，琅邪阳都（今山东沂南南）人。他帮助刘备建立了蜀汉政权，著有《诸葛亮集》。
代表名句：鞠躬尽力，死而后已。(《后出师表》) 非淡泊无以明志，非宁静无以致远。(《诫子书》)

知人论世

诸葛亮，字孔明，号卧龙，是中国古代杰出的政治家、军事家，也是三国时期蜀汉的丞相。诸葛亮小的时候，父亲就去世了，他和弟弟就跟着叔叔诸葛玄一起生活。因为和荆州牧刘表平日里有交情，诸葛玄就带着他们兄弟二人去了荆州。诸葛玄去世以后，诸葛亮就一直在家种田，也不出仕，还常常拿管仲、乐毅自况，大家都觉得他是在说大话，只有结交的几个好朋友知道他是真的有才能。诸葛亮尽管才识过人，一开始却并不想踏入仕途，他传奇的一生要从遇见伯乐刘备说起。

官渡之战后，曹操打败了袁绍，他决定亲自率兵南下进攻刘备。敌强我弱，刘备害怕了，就派人向刘表求助，刘表则让他驻扎在新野这个地方。和曹操、袁绍、孙权等汉末的割据一方的豪杰不同，刘备虽然是汉王室的后裔，但到他这一代没落了，他起初只是个卖草鞋的小贩。他不喜欢读书，却喜欢结交朋友，为人也谦恭，于是很得人心。

诸葛亮的好友徐庶听说刘备很贤能，就去拜访他，还向他推荐了诸葛亮。诸葛亮这个人很高傲，刘备登门拜访三次才见到他。诸葛亮被刘备的真诚所打动，向刘备说出了三分天下的计策：曹

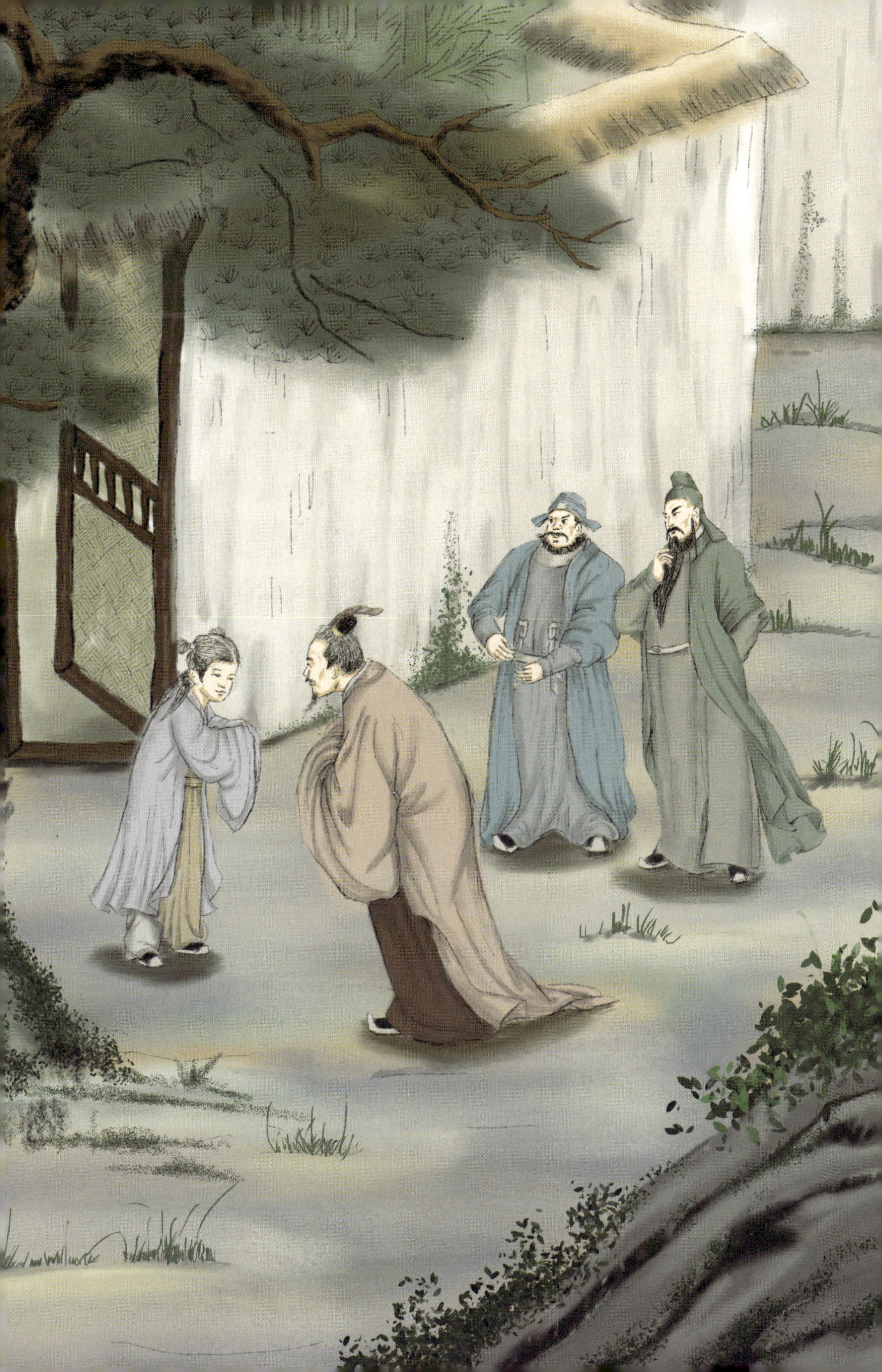

操不可攻打，孙权可以联合，取代刘表、刘璋，占领荆、益二州，从而争胜天下。二人此次对话的过程就是历史上有名的"隆中对"。可以说，"隆中对"是此后数十年蜀汉的基本国策。

后来，按照诸葛亮的计谋，刘备的领地果然一步步扩大，与曹操和孙权形成了三国鼎立的局势。首先，他联合东吴孙权在赤壁之战大败曹军。之后，他又攻占了荆州。紧接着，建安十九年（公元214年）刘备率领军队包围成都，攻占益州。最后，建安二十四年（公元219年），刘备再次击败曹军，夺得汉中。

公元221年，刘备在成都称帝，诸葛亮被任命为丞相。可是称帝后不久，刘备就得了重病。弥留之际，他召诸葛亮到永安，对诸葛亮说道："你的才能是曹丕的十倍，必定能够安顿国家，最终完成统一的大业。如果刘禅可以辅佐，你便辅佐他；如果他没有才干，你就可以取代他。"虽然刘禅确实没有帝王之才，但是诸葛亮也没有取而代之，而是尽心尽力地辅佐他。

魏蜀吴这三个国家中，蜀国的人口、土地都是最少的，处境也最危险。因此，在平定了国家内乱，人民富足、兵强马壮的时候，诸葛亮决定北征伐魏，扩张领土。他出师前写了一篇奏章，来劝勉后主刘禅广开言路、复兴汉室，并表示自己对国家的忠贞不贰。这封信就是历史上的千古名篇——《出师表》。

在人们的印象中，诸葛亮永远都是一副都从容不迫、胸有成竹的样子。于是，大家就觉得他神乎其神，好像有什么法术一样。其实，像我们现在都知道的"草船借箭""借东风"等著名事件，都与诸葛亮没什么关系。但即便如此，诸葛亮的神机妙算与聪明才智也足以让他在三国众多谋士中脱颖而出。

公元234年，诸葛亮病逝于五丈原。姜维等人遵照诸葛亮遗嘱，秘不发丧，缓缓退军。司马懿率军追击，见蜀汉军队帅旗飘扬，像是要迎战的样子，便怀疑是诸葛亮用计诱敌，他赶紧策马收兵，于是有了"死诸葛吓走活仲达"一事。司马懿在诸葛亮死后，看到诸葛亮的营垒，还称赞其为"天下奇才"。作为政治家和军事家，诸葛亮无疑是十分优秀的。

- 诸葛亮字孔明，号卧龙。
- 诸葛亮是中国古代的政治家、军事家。
- 诸葛亮是三国时期蜀汉的丞相。
- 刘备曾三顾茅庐拜访诸葛亮，诸葛亮向刘备说出了三分天下的计策。
- 诸葛亮逝世于五丈原，司马懿称其为"天下奇才"。
- "草船借箭""借东风"等著名事件，都与诸葛亮没什么关系。

出师一表真名世，千载谁堪伯仲间。

读一读 ·《前出师表》

读准字音，读准停顿，读懂语气

　　臣亮言：先帝创业未半而中道崩殂（cú）。今天下三分，益州疲弊，此诚危急存亡之秋也。然侍卫之臣不懈于内，忠志之士忘身于外者，盖追先帝之殊遇，欲报之于陛下也。诚宜开张圣听，以光先帝遗德，恢宏志士之气，不宜妄自菲薄，引喻失义，以塞忠谏之路也。宫中府中，俱为一体，陟（zhì）罚臧否（pǐ），不宜异同。若有作奸犯科及为忠善者，宜付有司论其刑赏，以昭陛下平明之治，不宜偏私，使内外异法也。

　　侍中、侍郎郭攸之、费祎（yī）、董允等，此皆良实，志虑忠纯，是以先帝简拔以遗陛下。愚以为宫中之事，事无大小，悉以咨之，然后施行，必能裨补阙（quē）漏，有所广益。将军向宠，性行淑均，晓畅军事，试用于昔日，先帝称之曰能，是以众议举宠以为督。愚以为宫中之事，事无大小，悉以咨之，必能使行（háng）阵和穆，优劣得所也。亲贤臣，远小人，此先汉所以兴隆也；亲小人，远贤臣，此后汉所以倾颓也。先帝在时，每与臣论此事，未尝不叹息痛恨于桓、灵也。侍中、尚书、长（zhǎng）史、参军，此悉贞亮死节之臣也，愿陛下亲之信之，则汉室之隆，可计日而待也。

　　臣本布衣，躬耕于南阳，苟全性命于乱世，不求闻达于诸侯。先帝不以臣卑鄙，猥（wěi）自枉屈，三顾臣于草庐之中，谘臣以当世之事，由是感激，遂许先帝以驱驰。后值倾覆，受任于败军之际，奉命于危难之间，尔来二十有一年矣。先帝知臣谨慎，故临崩寄臣以大事也。受命以来，夙（sù）夜忧叹，恐托付不效，以伤先帝之明，故五月渡泸，深入不毛。今南方已定，兵甲已足，当奖帅三军，北定中原，庶竭驽（nú）钝，攘除奸凶，兴复汉室，还于旧都。此臣之所以报先帝，而忠陛下之职分也。至于斟酌损益，进尽忠言，则攸之、祎、允之任也。愿陛下托臣以讨贼兴复之效，不效，则治臣之罪，以告先帝之灵。若无兴德之言，则责攸之、祎、允之咎，以彰其慢。陛下亦宜自谋，以咨诹（zōu）善道，察纳雅言，深追先帝遗诏。臣不胜受恩感激。今当远离，临表涕泣，不知所云。

古文 今译

　　臣诸葛亮上表进言：先帝开创大业未完成一半，竟中途去世。如今天下分为三国，我们蜀汉国力困乏、民生凋敝，这的确是万分危急、存亡难料的时刻啊。然而朝廷官员在内毫不懈怠，军中将士在外舍生忘死，这是（他们）追念先帝特殊的礼遇（指知遇之恩），想要报答陛下。（陛下）确实应该广泛地听取别人的意见，来发扬光大先帝遗留下来的美德，振奋有远大志向的人的勇气，不应随意地看轻自己，说出没有道理的话，以堵塞忠言进谏的道路。皇宫和丞相府，本都是一个整体，升赏惩罚，赞扬批评，不应该有所不同。如果有做坏事违法乱纪的和忠心做善事的人，（都）应该交给主管部门加以惩罚或奖赏，来显示陛下公正严明的治理，不应当有偏袒和私心，使宫内和丞相府的法令不同。

　　侍中、侍郎郭攸之、费祎、董允等人，这些都是善良诚实、心志忠贞纯正的人，因此先帝选拔（他们）留下来辅佐陛下。我认为宫中的事情，无论大小，都要征询他们的意见，然后施行，一定能弥补缺失疏漏，增益实效。将军向宠，心性品行善良公正，通晓军事，当年被任用，先帝曾称赞他很有才能，因此众人商议推举他做中部督。我认为军营中的事，无论大小，都要征询他的意见，一定能使军队团结和睦，德才高低的人各得其所。

亲近贤臣，远离小人，这是汉朝前期兴盛的原因；亲近小人，远离贤臣，这是汉朝后期倾覆衰败的原因。先帝在世的时候，每次跟我谈论起这些事，对于桓帝、灵帝，没有不叹息并且感觉到痛心和遗憾的。侍中郭攸之、费祎，尚书陈震，长史张裔，参军蒋琬，这些都是忠贞诚实，能够以死报国的忠臣，希望陛下亲近他们，信任他们，这样汉王室的兴盛，就指日可待了。

我原本是一个平民，在南阳郡务农耕种。（只想）在乱世里苟全性命，不希求诸侯知道我并获得显贵。先帝不因为我地位低微、见识短浅，委屈自己降低身份，三次到草庐中来拜访我，征询我对天下大事的看法，因此（我）深为感激，从而答应为先帝奔走效力。后来遭遇兵败，（我）在军事失利、形势危急之时接受任命，自那时以来已经有二十一年了。先帝知道我做事谨慎，所以临终把国家大事托付给我。（我）接受遗命以来，日夜忧虑叹息，唯恐托付的事不能完成，从而损害先帝的英明，因此（我）五月（率兵）渡过泸水南征，深入荒凉之地。如今南方已经平定，武器已经充足，应当鼓励和统率三军，北伐平定中原地区，（我）希望竭尽低下的才能，扫除奸邪，复兴汉朝王室，迁归旧日国都。这是我用以报答先帝、尽忠陛下的职责，至于权衡利弊得失，毫无保留地进献忠言，那是郭攸之、费祎、董允的责任了。希望陛下把讨伐汉贼、复兴汉室的任务交给我去完成，（如果我）不能完成，就治我的罪，用来告慰先帝的英灵。如果没有发扬圣德的话，那就追究郭攸之、费祎、董允的失职，以表明他们的怠慢。陛下也应当为自己谋划，征询治国的好办法，明察并采纳正确的言论，深切追思先帝的遗诏，我就受恩、感激不尽了。如今即将离朝远征，流着泪写完这篇表，因激动不知道说了些什么。

知识收藏夹

- **通假字**

尔来二十**有**一年矣 ◎通"又",放在整数和零数之间,表示整数之外再加零数。

- **古今异义**

诚宜**开张**圣听 ◎古义:扩大。今义:商店等设立后开始营业
未尝不叹息**痛恨**于桓、灵也 ◎古义:痛心;遗憾。今义:极端憎恨或悔恨。
先帝不以臣**卑鄙** ◎古义:身份低微、见识短浅。今义:(语言、行为)恶劣;不道德。

- **一词多义**

道 { 中**道**崩殂 ◎名词,路。
     咨诹善**道** ◎名词,方法。

遗 { 以光先帝**遗**德 ◎动词,遗留。
     是以先帝简拔以**遗**陛下 ◎动词,给予。

行 { 然后施**行** ◎动词,做,执行。
     必能使**行**阵和睦 ◎名词,古代军队编制,二十五人为一行,这里指军队。

于 { 然侍卫之臣不懈**于**内 ◎介词,在。
     欲报之**于**陛下也 ◎介词,给。
     未尝不叹息痛恨**于**桓、灵也 ◎介词,对。

以 $\begin{cases}先帝简拔**以**遗陛下 ◎连词，来。\\ 先帝不**以**臣卑鄙 ◎连词，因为。\\ 谘臣**以**当世之事 ◎介词，用。\\ 受命**以**来，夙夜忧叹 ◎连词，表时间、地域等的界线。\end{cases}$

- **词类活用**

  以**光**先帝遗德 ◎名词用作动词，发扬光大。

  恢宏志士之气 ◎形容词用作动词，振奋。

  此皆**良实** ◎形容词用作名词，善良诚实的人。

  亲贤臣，**远**小人 ◎形容词用作动词。亲，亲近；远，疏远。

  深入不**毛** ◎名词用作动词，长庄稼。

- **文言句式**

  诚宜开张圣听，以光先帝遗德 ◎省略句，应为"陛下诚宜开张圣听，以光先帝遗德"。

  此皆良实 ◎判断句，"皆"，副词表判断。

  亲贤臣，远小人，此先汉所以兴隆也 ◎判断句，"……也"表判断句。

  不求闻达于诸侯 ◎倒装句，状语后置，正确语序为"于诸侯不求闻达"。

王老师 说

　　《前出师表》是诸葛亮出征前写给后主刘禅的一篇奏章，表中分析了当前天下的局势，以极其恳切的言辞，反复劝勉后主要继承先帝遗志，广开言路、亲贤远佞，以完成"兴复汉室"的大业，从中我们可以感受到诸葛亮"北定中原"的坚定信念和对蜀汉忠贞不贰的品格。

　　本文分为两个部分。第一部分，诸葛亮先针对当前的天下局势说明此时后主应励精图治，提出了开张圣听、内外同法、亲信贤良三条建议，希望后主既不要妄自菲薄，也不要懈怠，意图改变目前蜀汉屈居西南的被动局面。

　　第二部分，诸葛亮表明了此次出征必胜的决心。他先回顾了自己的生平，缅怀先帝的知遇之恩。接着叙说二十一年来随先帝"创业"之艰难，希望后主奋发图强，不要半途而废。言辞慷慨恳切，动人心魄。

　　本文最大的特点就是语言率真质朴，情感真挚动人。每句话既不失臣子的身份，也切合长辈的口吻，以"报先帝""忠陛下"的思想贯串全文，处处为后主着想，期望成就"兴复汉室"的大业，真情充溢，感人至深。

第十一章 陈情表

让我们来认识一下李密吧！

姓　　名：李密
性　　别：男
生活时代：西晋
人物背景：西晋犍为武阳（今四川眉山市彭山区东北）人，幼时孤苦，与祖母相依为命。先后在蜀汉和西晋做官，担任过太子洗马、温令、汉中太守等职位。
代表名句：
乌鸟私情，愿乞终养。（《陈情表》）
日薄西山，气息奄奄，人命危浅，朝不虑夕。（《陈情表》）

知人论世

古人云，百善孝为先。"孝"是中华民族的传统美德，我国很多流传甚广的故事都是关于孝敬父母的。《论语·学而》中写道："君子务本，本立而道生。孝弟也者，其为仁之本与！"这里强调了"孝"的重要性，将孝看作"仁"的基础。可以说，一切美德的产生都以"孝"为根本。不仅古人看重孝道，直到今天，我们还经常将是否孝顺父母作为评价一个人品德好坏的前提。

历史上出现过很多大孝子，他们的故事有些是经过口耳相传在民间保存下来的，有些就记载在史书里。通常来说，史书都会记载帝王的功绩、王朝的历史，还会有人物传记等。在我们的印象中，那些人物传记记载的都是一些敢于进言的忠臣、骁勇善战的将军，以及巧言善辩的谋士。可是你知道吗，很多史学家也会专门为孝子写传记，比如《晋书·孝友传》中就记载了晋朝几位大孝子的生平故事。

《晋书·孝友传》中，第一个提到的就是李密。李密是西晋初年的大臣，他也曾在蜀汉当过官。年轻时的李密，意气风发，很有辩才，他曾代表蜀汉多次出使吴国，吴国的大臣都很欣赏他。

有一次，吴国的君主孙权问李密蜀汉的马匹有多少，李密回答:"官用的有余,百姓用的也足够。"后来孙权和群臣一起讨论道义的问题,大家都说愿意做弟弟,因为当哥哥就意味着会承担更多家庭责任。李密却说他愿意做哥哥。大家都不理解,争相问他为什么。李密说:"因为当哥哥就有更多的时间陪伴父母了。"大家听了之后都连连称赞。

李密在当时是出了名的孝顺,这或许是因为他有一段不寻常的童年经历。李密刚出生六个月父亲就去世了,到四岁的时候,母亲也改嫁了,只有祖母刘氏对他不离不弃,将他抚养长大。他小时候体弱多病,到九岁的时候还不能走路,要是没有祖母的陪伴,李密都不知道怎么活下去。祖母疼爱李密,李密也关心祖母。祖母生病的时候,李密伤心流泪,连呼吸不自觉也变得小心翼翼。

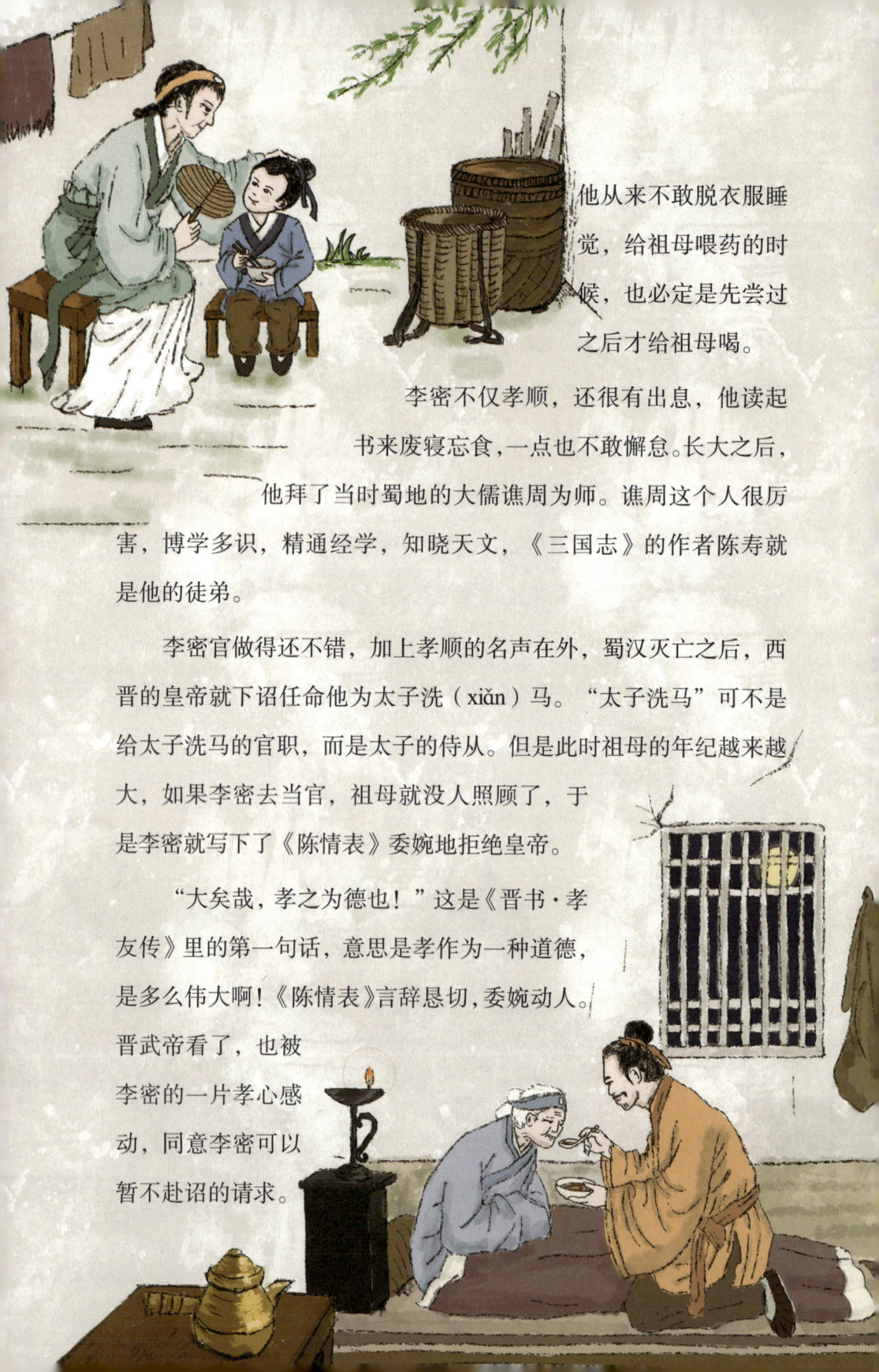

他从来不敢脱衣服睡觉,给祖母喂药的时候,也必定是先尝过之后才给祖母喝。

李密不仅孝顺,还很有出息,他读起书来废寝忘食,一点也不敢懈怠。长大之后,他拜了当时蜀地的大儒谯周为师。谯周这个人很厉害,博学多识,精通经学,知晓天文,《三国志》的作者陈寿就是他的徒弟。

李密官做得还不错,加上孝顺的名声在外,蜀汉灭亡之后,西晋的皇帝就下诏任命他为太子洗(xiǎn)马。"太子洗马"可不是给太子洗马的官职,而是太子的侍从。但是此时祖母的年纪越来越大,如果李密去当官,祖母就没人照顾了,于是李密就写下了《陈情表》委婉地拒绝皇帝。

"大矣哉,孝之为德也!"这是《晋书·孝友传》里的第一句话,意思是孝作为一种道德,是多么伟大啊!《陈情表》言辞恳切,委婉动人。晋武帝看了,也被李密的一片孝心感动,同意李密可以暂不赴诏的请求。

李密的代表作是《陈情表》。

李密历经蜀汉和西晋两朝。

李密从小与祖母相依为命。

西晋皇帝想征召李密为太子洗马。

年轻时的李密意气风发，很有辩才。

李密的老师是蜀汉的大儒谯周。

孝感动天的西晋才子。

陈情表 • 143

读一读 ·《陈情表》

读准字音，读准停顿，读懂语气

臣密言：臣以险衅，夙遭闵凶。生孩六月，慈父见背；行年四岁，舅夺母志。祖母刘，愍臣孤弱，躬亲抚养。臣少多疾病，九岁不行，零丁孤苦，至于成立。既无叔伯，终鲜（xiǎn）兄弟，门衰祚薄，晚有儿息。外无期（jī）功强（qiǎng）近之亲，内无应门五尺之童，茕（qióng）茕孑（jié）立，形影相吊。而刘夙婴疾病，常在床蓐（rù），臣侍汤药，未曾废离。

逮奉圣朝，沐浴清化。前太守臣逵，察臣孝廉；后刺史臣荣，举臣秀才。臣以供养无主，辞不赴命。诏书特下，拜臣郎中，寻蒙国恩，除臣洗马。猥以微贱，当侍东宫，非臣陨首所能上报。臣具以表闻，辞不就职。诏书切峻，责臣逋（bū）慢；郡县逼迫，催臣上道；州司临门，急于星火。臣欲奉诏奔驰，则以刘病日笃；欲苟顺私情，则告诉不许。臣之进退，实为狼狈。

伏惟圣朝以孝治天下，凡在故老，犹蒙矜育，况臣孤苦，特为尤甚。且臣少仕伪朝，历职郎署，本图宦达，不矜名节。今臣亡国贱俘，至微至陋，过蒙拔擢（zhuó），宠命优渥（wò），岂敢盘桓，有所希冀？但以刘日薄西山，气息奄奄，人命危浅，朝不虑夕。臣无祖母，无以至今日；祖母无臣，无以终余年。母孙二人，更相为命，是以区区不能废远。臣密今年四十有四，祖母刘今年九十有六，是臣尽节于陛下之日长，报刘之日短也。乌鸟私情，愿乞终养。

　　臣之辛苦，非独蜀之人士及二州牧伯所见明知，皇天后土，实所共鉴。愿陛下矜愍愚诚，听臣微志。庶刘侥幸，卒保余年，臣生当陨首，死当结草。臣不胜犬马怖惧之情，谨拜表以闻。

古文 今译

　　臣子李密上言：我因命运不好，小时候就遭遇了不幸。刚出生六个月，（我）慈爱的父亲就不幸去世了。长到四岁，舅父（又）逼迫母亲改变守节的志向（这里指逼母亲改嫁）。（我的）祖母刘氏，怜悯我孤苦弱小，（便）亲自抚养（我）。我小的时候经常生病，九岁时还不会行走，孤独无依，一直到成人自立。（我）既没有叔叔伯伯，又没有什么兄弟，门庭衰微，福分浅薄，很晚才有儿子。在外面没有什么近亲，在家里也没有照应门户的小童。（我）生活孤苦没有依靠，（只有自己的）身体和影子相互安慰。但祖母早已经疾病缠身，时常卧床不起，我侍奉她服用汤药，从来没有停止侍奉而离开（她）。

　　到了晋朝建立，（我）受到晋朝清明教化的润泽。从前太守逵经考察后推举我为孝廉，后来刺史荣（又）推举臣下为秀才（与科举考试的"秀才"不同，这里是优秀人才的意思）。我因为供奉祖母的事没有人来做，辞谢而没有接受任命。（陛下）特地下了诏书，任命我为郎中，不久（我）又蒙受国家恩典，（陛下）任命我为太子洗马。像我这样卑微低贱的人，承担侍奉太子的职务，（这）实在不是我用生命所能报答的。我将（自己的苦衷）一一在表中报告，辞谢而不去就职。（但是）诏书急切严峻，责备我有意逃避，怠慢上命；郡、县的长官催促我立刻上路；

州官登门督促，比流星还要急迫。我想接受诏令赶路（就职），祖母刘氏的病却一天比一天重；想要姑且迁就私情，但诉说（苦衷）不被准许。我是进退两难，十分狼狈。

　　我想到圣明的朝代是用孝道治理天下的，凡是年老而德高的旧臣，尚且受到怜悯养育，何况我的孤苦程度更为严重呢。而且我年轻的时候曾经在伪朝蜀汉做官，担任过郎官职务，本来就希望官职显达，并不顾惜名声和节操。现在我是低贱的亡国俘虏，十分卑微浅陋，过分地受到提拔，恩宠优厚，怎敢犹豫不决而有非分之想呢？只是因为祖母刘氏（已如）迫近西山的残阳，气息微弱，生命垂危，早上不能想到晚上怎样（意思是随时都可能离世）。我（如果）没有祖母，就不能（长大）活到今天；祖母（如果）没有我（的照料），也无法度过余生。我们祖孙二人，相依为命，因此（就我的）内心（而言）不能够停止（奉养）而远离（祖母）。

　　我今年四十四岁，祖母刘氏今年九十六岁，这样看来，我在陛下面前尽忠的日子还长，（而）在祖母刘氏面前尽孝心的日子（却）不多了。（我怀着）乌鸦反哺的私情，希望求得奉养祖母以终其天年。

　　我的辛酸苦楚，不仅蜀地的百姓和梁州、益州的长官明白知晓，天地神明实在也都看得清清楚楚。希望陛下能怜悯我的衷情，允许我实现卑微的心愿，希望刘氏能幸运地（蒙您恩典），（得以）终其余年。我生时应当献身（报效朝廷），死了也要结草衔环来报答陛下的恩情。我怀着牛马（对主人一样）不胜恐惧的心情，恭敬地呈上此奏章来使陛下知道（这件事）。

知识收藏夹

● **通假字**

零丁孤苦 ◎通"伶仃",孤独的样子。
臣密今年四十有四 ◎通"又",用在整数和零数之间,表示整数之外再加零数。

● **古今异义**

九岁不行 ◎古义:不能走路,这里形容柔弱 今义:不可以。
举臣秀才 ◎古义:汉代所设荐举人才的一种科目,这里是优秀人才的意思。今义:明清两代生员的通称。
臣欲奉诏奔驰 ◎古义:奔走效劳,这里指赴京就职。今义:(车、马等)很快地跑。
则告诉不许 ◎古义:申诉。今义:说给人听,使人知道。
有所希冀 ◎古义:非分的愿望。今义:希望。

● **一词多义**

以
- 臣以险衅 ◎连词,因为。
- 猥以微贱 ◎介词,凭借……的身份。
- 臣具以表闻 ◎介词,用。
- 谨拜表以闻 ◎连词,表示目的,以便。

薄
- 门衰祚薄 ◎形容词,微薄,少。
- 日薄西山 ◎动词,迫近。

拜
- 拜臣郎中 ◎动词,授官。
- 谨拜表以闻 ◎动词,奉上。

陈情表 ● 149

- 词类活用

    外无期功强近之亲，内无应门五尺之童 ◎名词用作状语。外，在外；内，在内。

    具表以闻 ◎动词的使动用法，使上闻。

    凡在**故老** ◎形容词用作名词，元老、旧臣。

    臣不胜**犬马**怖惧之情 ◎名词用作状语，像犬马对主人一样。

- 文言句式

    而刘夙婴疾病 ◎被动句，被疾病纠缠。

    臣之进退，实为狼狈 ◎判断句，"……为……"表判断。

    是以区区不能废远 ◎倒装句，状语前置，正常语序为"以是区区不能废远"。

    是臣尽节于陛下之日长 ◎倒装句，状语后置，正常语序为"是臣于陛下尽节之日长"。

王老师 说

表是古代奏章的一种，主要作用就是陈述臣子对君主的衷情。李密就在这篇《陈情表》中，向晋武帝陈述了自己暂时不能应召为官的苦衷。

文章可分为四个部分。第一部分，作者陈述了自身的不幸遭遇和与祖母相依为命的现状，使得晋武帝能体恤其慈孝。第二部分，陈述了朝廷对自己多次征召、礼遇有加，但都阐明因"刘病日笃"而无应，旨在消除晋武帝的疑虑，为下文"愿乞终养"埋下伏笔。以"臣之进退，实为狼狈"为结尾，既表达了对晋武帝的忠诚，又表达了对祖母的孝顺之情。第三部分，作者用"圣朝以孝治天下"来恭维晋武帝，将笔锋转到"孝"上，阐明自己屡不应召的原因就是为了奉养祖母。动之以情，晓之以理，进一步打消晋武帝的疑虑。第四部分，明确表示要先尽孝后尽忠，以期感动晋武帝，达到陈情的目的。

另外，强烈的感情色彩是本文的一大特色，但作者无论是写自己的孤苦无依之情，还是与祖母相依为命的亲情，都是通过叙事来表达的。而自己对朝廷恩遇的感激和对晋武帝的忠诚，也是以充满情感的笔调来写的，很能打动人。

总之，本文言辞恳切、委婉畅达，值得我们细细品读。

第十二章

兰亭集序

让我们来认识一下王羲之吧!

姓　　名：王羲之
性　　别：男
生活时代：东晋
人物背景：出身贵族，人称『王右军』，琅邪临沂（今属山东）人。东晋时期著名书法家，书法博采众长，尤擅楷书、行书，有『书圣』的美称，其代表作《兰亭集序》被誉为『天下第一行书』。
代表名句：
固知一死生为虚诞，齐彭殇为妄作。（《兰亭集序》）
争先非吾事，静照在忘求。（《答许询诗》）

知人论世

　　王羲之，字逸少，琅邪临沂人。有人还称他为"王右军"。"右军"并不是他的名字，而是因为他曾做过右军将军，所以大家叫他王右军。在古代，像这种不直呼其名，通过姓加官名称呼一个人的现象很常见，比如杜甫称为杜工部，柳永称为柳屯田，苏轼称为苏学士等。

　　东晋时期，世家大族权倾朝野。这些大家族里比较出名的就是琅邪王氏和陈郡谢氏。在文学和艺术造诣方面，这两家也是人才辈出：王家有王羲之、王献之，谢家有谢灵运和谢朓。王羲之、王献之想必大家都知道，但是谢灵运和谢朓大家就不太熟。李白在《宣州谢朓楼饯别校书叔云》一诗中写道："蓬莱文章建安骨，中间小谢又清发。"里面的"小谢"就是指谢朓，与之相对的"大榭"就是谢灵运。这里是李白借谢朓来说明自己的诗歌风格清俊。

　　像王、谢氏这样的望族，族人大多身居要职，于王家而言，当时更有"王与马，共天下"的说法。这里的"王"指的是王羲之的叔叔王导，"马"指的是晋元帝司马睿。但王羲之不喜欢做官，加上与自己的上司王述闹矛盾，就辞去官职，在会稽山阴（今浙江绍兴）定居了。

王羲之有两个广为人知的爱好，其一就是书法。他从小就喜欢书法，经过一番勤学苦练，推陈出新，终于自成一家。在当时，他的书法作品就受人追捧，有"飘若浮云，矫若惊龙"的美誉。

　　有一次，王羲之到蕺（jí）山去，遇见一个拿着六角竹扇叫卖的老婆婆，她的竹扇很简陋，没什么装饰，一把也卖不出去。王羲之看到这个情形，就拿起老婆婆的扇子，提起笔来，在每把扇子上面龙飞凤舞地写了五个字。老婆婆看到王羲之不经允许就在自己的扇子上写字，很不高兴。王羲之却对她说："您别着急，只要告诉买扇子的人，这上面是王右军写的字，就能赚到很多钱了。"说完，他就离开了。

　　王羲之离开后，老婆婆按照他说的做。果然，集市上的人一

看是王羲之的字，都抢着买，老婆婆的扇子马上卖完了。后来，老婆婆竟拿着扇子，亲自上门去找王羲之题字。

除了书法，王羲之还有个特殊的爱好——喜欢鹅。不管有多远，多麻烦，只要有值得观赏的鹅，他都欣然前往。会稽有一个独居的老婆婆，她养了一只声音叫得很好听的鹅，王羲之想要买下来却没有如愿。于是他打算去老婆婆家观赏，老婆婆听说王羲之要来，高兴极了，就把鹅宰了，招待王羲之。王羲之听到这个消息，只能连连摇头，叹息了一整天。

会稽有一个道士也养了一群鹅，王羲之见了很喜欢，于是请求道士将鹅卖给他。可是这个道士不要钱，只要王羲之给他抄写一部《道德经》，但王羲之平常是不肯轻易替人抄写经书的。出人意料的是，王羲之竟毫不犹豫地把《道德经》抄写了一遍，那

群鹅自然也就被王羲之带走了。

  王羲之在会稽生活得很自在，这里山清水秀，景色优美，他经常和朋友一起游山玩水，饮酒赋诗。这些人里就有孙绰、李充、许询等名士。永和九年（公元353年），王羲之与朋友在会稽山阴的兰亭游玩，那天风和日丽，大家心情都很畅快，于是诗兴大发，即兴作了很多诗。王羲之专门为这些诗写了一篇序，来记录当天的趣事，抒发内心的感慨，这篇序就是《兰亭集序》。

王羲之人生两大爱好：书法和鹅。

东晋大书法家，有"书圣"之称。

王羲之撰写的《兰亭集序》被后人称为"天下第一行书"。

"蓬莱文章建安骨，中间小谢又清发"的"小谢"指的是谢朓。

王羲之也称作"王右军"。

序，也称"叙"，是介绍、评述一部著作或一篇文章的文字。"序"有大序，有小序。比如《毛诗序》，列在每首诗歌之前，篇幅较短的是小序；在首篇《关雎》之后，篇幅较长的叫大序。"序"一般写在书籍或文章的前面，也有列在后面的，如《史记·太史公自序》，列于书后的称为"后序"。

读一读 ·《兰亭集序》

读准字音，读准停顿，读懂语气

　　永和九年，岁在癸（guǐ）丑。暮春之初，会于会稽山阴之兰亭，修禊（xì）事也。群贤毕至，少长咸集。此地有崇山峻岭，茂林修竹，又有清流激湍，映带左右，引以为流觞（shāng）曲水，列坐其次，虽无丝竹管弦之盛，一觞一咏，亦足以畅叙幽情。是日也，天朗气清，惠风和畅。仰观宇宙之大，俯察品类之盛，所以游目骋怀，足以极视听之娱，信可乐也。

　　夫人之相与，俯仰一世，或取诸怀抱，晤言一室之内；或因寄所托，放浪形骸之外。虽取舍万殊，静躁不同，当其欣于所遇，暂得于己，快然自足，曾不知老之将至。及其所之既倦，情随事迁，感慨系之矣！向之所欣，俯仰之间，已为陈迹，犹不能不以之兴怀，况修短随化，终期于尽！古人云："死生亦大矣。"岂不痛哉！

　　每览昔人兴感之由，若合一契，未尝不临文嗟悼，不能喻之于怀。固知一死生为虚诞，齐彭殇（shāng）为妄作，后之视今，亦犹今之视昔，悲夫！故列叙时人，录其所述。虽世殊事异，所以兴怀，其致一也。后之览者，亦将有感于斯文。

古文 今译

　　永和九年，时在癸丑之年。农历三月上旬，（我们）聚于在会稽郡山阴县的兰亭，举行修禊活动。众多贤士都来了，老老少少都聚集在一起。这里有高峻的山峰、茂盛的树林、高高的竹子，又有清澈湍急的溪流，映衬环绕在亭子的左右。我们引（溪水）作为流觞的曲水，排列坐在曲水旁边，虽然没有演奏音乐的盛况，但喝点酒，作点诗，也足够来畅快叙述深远高雅的情思。这一天，天气晴朗，空气清新，和风阵阵。抬头观览宇宙的浩瀚，低头观察万物的兴盛繁茂，借以纵目观赏，开畅胸怀，足以尽情享受视听的欢娱，实在令人愉快。

　　人与人交往，很快便度过一生。有的人在室内畅谈自己的抱负；有的人将情怀寄托在自己爱好的事物上，放纵不羁地生活。虽然（人们）各有各的爱好，（性格）安静与躁动各不相同，但当他们对所接触的感到高兴时，一时感到自得，（就感到）高兴和满足，竟然不知道衰老将要到来。等到他们（对于）所得到或喜爱的东西已经厌倦，情感随着事物的变化而变化，感慨随之产生。过去所得到的欢欣，转眼间就已经成为往事，尚且不能不因它引起心中的感触，况且（人的）寿命长短听凭造化，终究要归结于消灭。古人说："死生也是件大事啊。"这怎么能不让人悲痛呢！

（我）每当看到前人（对死生）产生感慨的原因，像符契那样相合①，总难免要在读前人文章时叹息哀伤，（却）不能明白于心②。（我）本来就知道把生死等同起来的说法是不真实的，把长寿和短命等同起来的说法是妄造的。后人看待今人，也就像今人看待前人，可悲啊！所以（我）一个一个记下当时与会的人（的姓名），抄录下他们所作的诗篇。纵使时代变了，事情不同了，（但）触发人们情怀的原因，其情致是相同的。后世的读者，也将对这些诗文有所感慨。

---

① 古代符契分为上、下两半，合在一起时可以当作凭信。
② 这句话的意思是，看到古人对生死产生感慨的文章，就为此悲伤感叹，自身也说不出是什么原因。

知识 收藏夹

● **古今异义**

引**以为**流觞曲水 ◎古义：把……作为……。今义：认为。

列坐**其次** ◎古义：曲水旁边。其，代词，代指曲水。今义：次第较后；第二（用于列举事项）。

俯察**品类**之盛 ◎古义：自然界的万物。今义：种类。

俯仰一世 ◎古义：比喻时间短暂。今义：低头和抬头，泛指一举一动。

或取诸**怀抱** ◎古义：心怀，抱负。今义：抱在怀里；胸前。

亦将有感于**斯文** ◎古义：这些文章。今义：常用义为文雅，又指文化或文人。

● **一词多义**

一
- 晤言**一**室之内 ◎数词。
- 固知**一**死生为虚诞 ◎动词，把……看作一样。
- 其致**一**也 ◎形容词，统一，一致。

为
- 引以**为**流觞曲水 ◎动词，作为，当作。
- 已**为**陈迹 ◎动词，成为。

之
- 暮春**之**初 ◎音节助词，补足音节。
- 仰观宇宙**之**大，俯察品类之盛 ◎助词，表定语后置。
- 曾不知老**之**将至 ◎助词，用在主谓间，取消句子独立性。
- 及其所**之**既倦 ◎动词，求得。
- 犹不能不以**之**兴怀 ◎代词，指"向之所欣……已为陈迹"。
- 每览昔人兴感**之**由 ◎结构助词，的。

虽 { **虽**趣舍万殊 ◎连词，虽然。
虽世殊事异 ◎连词，即使。

于 { 会**于**会稽山阴之兰亭 ◎介词，在。
欣**于**所遇 ◎介词，对于。
终期**于**尽 ◎介词，到。

- **词类活用**

群贤毕至，**少长**咸集 ◎形容词作名词。少，年少之人；长，年长之人。

固知**一**死生为虚诞 ◎形容词作动词，把……看作一样。

齐彭殇为妄作 ◎形容词作动词，把……看作相等。

- **文言句式**

映带左右 ◎省略句，应为"映带于左右"。

虽无丝竹管弦之盛 ◎倒装句，定语后置，正确的语序为"虽无盛丝竹管弦"。

晤言一室之内 ◎省略句，应为"晤言于一室之内"。

死生亦大矣 ◎判断句，"……矣"表判断。

不能喻之于怀 ◎倒装句，介宾短语后置，正确的语序是"不能于怀喻之"。

王老师说

《兰亭集序》是王羲之与孙绰、许询等东晋名士在会稽郡山阴县的兰亭修禊所作的一篇诗序,不仅记录了本次集会的盛况,还抒发了对生死的感悟。明代徐师曾编的《文体明辨》中说"序":"其为体有二。一曰议论,二曰叙事。"但不难看出,本文叙事和议论兼而有之,融叙事、抒情、写景、议论为一体,更具文学价值。

本文用极简的笔墨写景,以"崇山峻岭,茂林修竹"写山,以"清流激湍,映带左右"写水,短短的十六个字就将兰亭四周的景色写尽,给人一种清新淡雅的感觉。

叙事也非常简练,极少修饰语。比如"引以为流觞曲水,列坐其次,虽无丝竹管弦之盛,一觞一咏,亦足以畅叙幽情",记的是亭中宴会的情形,没有铺排开来,却将宴会的所有重要的细节都写了出来。

接着,笔锋一转,开始抒情和议论。由宴会畅饮转到对人生苦短的思考,充满哲思。"岂不痛哉"与之前的"信可乐也"相呼应,下文又出现"悲"的感叹,情感几经变化,极具美感。

应当看到,作者的文笔如此洗练并非有意而为,而是句句顺乎自然,出自真情。这与当时流行的崇尚老庄、大谈玄理、不求进取、等同生死的思想相悖,具有积极的意义。

第十三章

归去来辞

让我们来认识一下陶渊明吧！

姓　　名：陶渊明
性　　别：男
生活时代：东晋末至南朝宋初期
人物背景：陶渊明出生于一个没落的官宦家庭，据说他的曾祖父是东晋的大司马陶侃。他曾任江州祭酒、镇军参军、彭泽令等职位，后辞官不就，饮酒作诗，寄情于田园，被称为古今隐逸诗人之宗。
代表名句：
采菊东篱下，悠然见南山。（《饮酒·其五》）
羁鸟恋旧林，池鱼思故渊。（《归园田居·其一》）

知人论世

陶渊明，字元亮，又名潜，私谥靖节，世称靖节先生。浔阳柴桑（今江西九江西南）人。东晋末至南朝宋初期的诗人、辞赋家。说到诗歌，我们首先想到的是唐朝，唐朝的诗歌有很多派别，其中有一个代表诗人是孟浩然和王维，这个诗派就是山水田园派。山水田园诗派以抒写闲适、退隐的感情为主，意境深幽，风格恬静闲逸，很受后人喜爱。不过，山水田园诗虽由王维和孟浩然发展至鼎盛，开创者却另有其人，其中田园诗的鼻祖就是陶渊明。

陶渊明生活在东晋，这个时代战乱频仍，政治也很黑暗，老百姓受到的剥削非常严重。陶渊明的曾祖父虽然是东晋的大司马陶侃，但他的父亲在他很小的时候就去世了，他和同父异母的妹妹都由自己的母亲陶孟氏抚养长大。虽然家道中落，但少年时期的陶渊明志向远大，知识渊博，擅长写文章，性情率真洒脱，乡里的人都很看重他。

长大之后，陶渊明希望通过做官实现抱负，为国家做一点事情，但那个时候想当官、当个好官是很难的。

汉代以来，做官的途径有察举、辟署等。察举和辟署相对公正，将士人的德行和才能作为主要选拔依据。但到了陶渊明所在的时期，选官制度变成了九品中正制。所谓九品中正，就是将士人按家庭背景、德才分为九个等级，然后再考察他们能否做官。因此，那些没有才能但出身门阀世族的人位居高官，而那些寒门子弟只能当小官小吏。"上品无寒门，下品无势族"这句话就很形象地概括了当时的官场。

陶侃虽然做到了大司马的位置，但未跻身势族之列，更不用说陶渊明了。陶渊明不愿奉承那些大官，违背自己的心意，但因为亲人年迈、家里贫穷，他不得不出任州祭酒这个职位。不久之后，陶渊明就因官事烦琐，渐生厌倦之心，辞官而去。做官无法实现自己的抱负，不做官家里人就要跟着自己忍饥挨饿，因此他总是做官又辞官。

陶渊明最后一次做官是担任彭泽令，刚上任没几天，郡里的督邮来视察，陶渊明的手下对他说："您见督邮时应该穿上官服，不然有失体统。"陶渊明听了很气愤，说："我怎能为了这点微薄的俸禄，就低声下气去向这种小人献殷勤！"他坚决不谄媚权贵，毅然决然地卸任而去。

陶渊明在文学史上的影响力很大，除了诗词外，其散文、辞赋也是相当有名的。今天我们要学习的这篇《归去来辞》，创作于他刚辞官之时，充分反映了陶渊明独立率真的性格与淡薄名利、乐天知命的思想。这首小辞描写了陶渊明在归园途中及归园之后的情景，反映了陶渊明对现实的不满。北宋大文豪欧阳修曾这样评价《归去来辞》："晋无文章，惟陶渊明《归去来辞》。"可见当时文人对陶渊明的喜爱程度。

- 陶渊明是田园诗的鼻祖。

- 陶渊明,字元亮,又名潜,私谥靖节,世称靖节先生。

- 陶渊明的父亲在他很小的时候就去世了。

- 陶渊明生活的东晋战乱频仍,政治也很黑暗。

- 陶渊明最后一次做官是担任彭泽令。

- 陶渊明总是做官又辞官。

- 少年时期的陶渊明志向远大,知识渊博,擅长写文章,性情率真洒脱,乡里的人都很看重他。

"辞"是古代的一种文体,介于散文和诗歌之间,一般都押韵,有的还可以歌唱。"辞"也叫作"楚辞",起源于战国时期的楚国,汉代常把辞和赋统称为辞赋。

归去来辞

读一读 ·《归去来辞》

读准字音，读准停顿，读懂语气

归去来兮！田园将芜，胡不归！既自以心为形役，奚惆怅而独悲！悟已往之不谏，知来者之可追，实迷途其未远，觉今是而昨非。舟摇摇以轻扬，风飘飘而吹衣。问征夫以前路，恨晨光之熹微。乃瞻衡宇，载欣载奔。僮仆欢迎，稚子候门。三径就荒，松菊犹存。携幼入室，有酒盈樽。引壶觞以自酌，眄庭柯以怡颜。倚南窗以寄傲，审容膝之易安。园日涉以成趣，门虽设而常关。策扶老以流憩，时矫首而遐观。云无心以出岫（xiù），鸟倦飞而知还。景翳翳以将入，抚孤松而盘桓。

归去来兮，请息交以绝游。世与我而相遗，复驾言兮焉求？悦亲戚之情话，乐琴书以消忧。农人告余以春及，将有事于西畴（chóu）。或命巾车，或棹孤舟。既窈窕以寻壑（hè），亦崎岖而经丘。木欣欣以向荣，泉涓涓而始流。善万物之得时，感吾生之行休。

已矣乎！寓形宇内复几时，曷（hé）不委心任去留？胡为遑遑欲何之？富贵非吾愿，帝乡不可期。怀良辰以孤往，或植杖而耘耔（zǐ）。登东皋以舒啸，临清流而赋诗。聊乘化以归尽，乐夫天命复奚疑！

古文　今译

　　回去吧！田园将要荒芜了，为什么还不回去！既然自己的心灵被躯壳所役使，为什么还要内心惆怅、独自悲伤！（我）认识到过去的错误已不可挽回，（但）明白未发生的事尚可补救，确实迷了路，但走得不算太远，觉得如今的选择是正确的，而曾经的选择是错误的。船在水面轻轻地摇荡着前进，风微微地吹着（我的）上衣。（我）向行人询问前面的路程，遗憾晨光微弱（耽误行程）。一看到自家的房子，就高兴地奔跑过去。僮仆欢快地迎接我，年幼的孩子守候在家门口。院子里的小路快要荒芜了，松树菊花还生长着。（我）拉着孩儿进入屋子，早有美酒盛满酒樽。（我）端起酒壶酒杯自斟自饮，看看院子里的树木，脸上露出了笑容。倚着南窗寄托傲然自得的情怀，深知住在简陋的小屋里然而容易使人安适。天天到院子里走走，自成一种乐趣，虽然安了家门却时常关着。拄着拐杖出去走走，随时随地休息，常常抬头望着远方。云汽自然而然地从山里冒出，鸟飞累了也知道飞回巢中。阳光暗淡，太阳快落山了，（我仍然）手抚孤松徘徊。

　　回去吧！让我跟外界断绝交游。这混浊的社会与我的本性相违背，再驾车出行又有什么可以追求？以亲人间的知心话为愉悦，以弹琴读书为乐来消除忧愁。农夫告诉我春天到了，将到西边的田地耕种。有时乘上有帷幕的小车，

归去来辞 • 171

有时乘上一艘小船。有时经过幽深曲折的山谷，有时走过高低不平的山丘。树木生机勃勃非常茂盛，泉水涓涓流淌。羡慕自然界的万物恰逢繁荣滋长的好时节，感叹自己的一生将要结束。

算了吧！寄身在天地之间还能有多久，为什么不听从自己的心意，生和死都顺应自然？为什么心神不定还想要到哪里去？富贵不是我所求，仙境也不可期求。留恋春天美好的时光，独自外出。有时把手杖插在地上，（拿起农具）除草、培土。登上东边向阳的高地放声呼啸，面对清澈的溪流吟诵诗篇。姑且顺其自然走到生命的尽头，乐安天命，还有什么可犹疑的呢！

知识 收藏夹

● **通假字**

策扶老以流憩 ◎通"游",游走。

● **古今异义**

恨晨光之熹微 ◎古义:遗憾。今义:仇恨,怨恨。

悦亲戚之情话 ◎古义:内外亲戚,包括父母和兄弟姐妹。今义:跟自己家庭有婚姻关系或血统关系的家庭或其成员。

● **一词多义**

夫 { 问征夫以前路 ◎名词,指男子。
    乐夫天命复奚疑 ◎指示代词,可译为"这"。

奚 { 奚惆怅而独悲 ◎疑问代词,为什么。
    乐夫天命复奚疑 ◎疑问代词,什么。

而 { 觉今是而昨非 ◎连词,表并列。
    门虽设而常关 ◎连词,表转折。
    时矫首而遐观 ◎连词,表修饰。
    鸟倦飞而知还 ◎连词,表修饰。

● **词类活用**

眄庭柯以怡颜 ◎形容词的使动用法,使……愉快。
倚南窗以寄傲 ◎形容词用作名词,傲然自得的情怀。
审容膝之易安 ◎动词用作名词,仅能容纳双膝的小屋。
园日涉以成趣 ◎名词用作状语,每天。

归去来辞 ● 173

乐**琴书**以消忧　◎名词用作动词，琴，弹琴；书，读书。

或**棹**孤舟　◎名词用作动词，用桨划。

- **文言句式**

既自以心为形役　◎被动句，"为……"表被动。

将有事于西畴　◎倒装句，介宾结构后置，正常语序是"将于西畴有事"。

农人告余以春及　◎倒装句，状语后置，正常语序是"农人以春及告余"。

乐夫天命复奚疑　◎倒装句，宾语前置，正常语序是"乐夫天命复疑奚"。

王老师 说

《归去来辞》是一篇抒情小辞，写于陶渊明辞官之初，意在述志，叙写了陶渊明辞官归隐之后的生活情趣和内心感受，表达了他对官场的厌恶和鄙弃，赞美了农村的自然景物和劳动生活。文章可分为三个部分。

第一部分首先表明辞官归田的决心。一是自责"田园将芜"，二是为"迷途"未远而深感欣慰，点明了全文主旨，表达了诗人厌弃官场，向往田园生活的思想感情。第二部分写作者回归田园生活后的愉快生活。先写了乘舟返途的迫不及待和初抵家时的欣喜，接着写了回家后的日常生活和躬耕田园的乐趣——饮酒自遣的室中之乐，涉园观景的园中之乐，这些都是真正的隐者之乐。最后重申辞官归田之志，写与家人叙谈、乡邻交往和农村初春生机勃勃的景象，寓情于景。文章最后一部分，作者表明自己快然自足于隐居生活，上升到哲理的高度，点出"乐天安命"的思想，卒章显志。

另外，本文多用押韵和四、六对偶句，读起来朗朗上口，极具韵律感。感情充沛，情感借助景物描写而自然流露，情真意切，沁人心脾。

第十四章 桃花源记

让我们来认识一下陶渊明吧!

姓　名：陶渊明

性　别：男

生活时代：东晋末至南朝宋初期

人物背景：陶渊明出身于一个没落的官宦家庭，据说他的曾祖父是东晋的大司马陶侃。他曾任江州祭酒、镇军参军、彭泽令等职位，后辞官不就，饮酒作诗，寄情于田园，被称为『古今隐逸诗人之宗』。

代表名句：

少无适俗韵，性本爱丘山。（《归园田居·其一》）

及时当勉励，岁月不待人。（《杂诗十二首·其一》）

知人论世

陶渊明彻底告别官场后，他和家人都靠什么过活呢？陶渊明有没有后悔过呢？

其实从陶渊明的诗歌中就可以得知，辞官之初，陶渊明的家里还是比普通的农民殷实得多，在《归园田居·其一》中陶渊明自己就说，有"方宅十余亩，草屋八九间"，意思是家里的房子周围有方圆十余亩地，茅屋草舍也有八九间。在《归去来辞》中，陶渊明的家里还有侍奉的僮仆。

但是为什么陶渊明还会说出"余家贫，耕植不足以自给。幼稚盈室，瓶无储粟，生生所资，未见其术"这种话来呢？有人认为这是因为陶渊明的劳作能力太差，尽管辛勤劳作，收成却不是很好。"种豆南山下，草盛豆苗稀"一句就可以证明。有人认为陶渊明家里的人口太多，而且五个儿子都没有什么才能，都靠父亲养活。《责子》中，陶渊明这样写道："阿舒已二八，懒惰故无匹。阿宣行志学，而不爱文术。雍端年十三，不识六与七。通子垂九龄，但觅梨与栗。"这几个儿子除了懒惰，就是愚笨，陶渊明自己头发花白了，还要为他们操心。

不管是出于什么原因，陶渊明追求的并不是富贵，他也不觉得自己当前的生活有多不如意。只要有酒喝，有风景可赏，有书可读，他就心满意足了。

陶渊明酷爱喝酒，在当官的时候，他就想让人把县里的一百亩公田全都种上秫谷（就是有黏性的米），可以用来酿酒。后来，在妻子和儿子的强烈要求下，才答应一半种秫谷，一半种粳米（没有黏性的米）。朋友知道陶渊明爱喝酒，只要有酒席，就叫上他一同前往，而陶渊明甚至连主人都不认识。当时有一个叫王弘的刺史到州里任职，他很敬仰陶渊明，便亲自上门拜访。陶渊明不喜欢做官，看到当官的人更心烦，就称病不见王弘。于是王弘特意在陶渊明游玩的路上拿着酒等待他经过，果然得偿所愿，见到了陶渊明本尊。

在王弘的心目中，像陶渊明这样清高超然、特立独行的隐士，肯定是个孤芳自赏、不善交际的人。其实恰恰相反，陶渊明不仅善于交际，朋友也很多。

他有一位故人，名叫颜延之。颜延之文章写得很好，与谢灵运齐名，世称"颜谢"。颜延之和陶渊明的关系很亲密，不但在陶渊明在世时接济过他，在陶渊明过世后，也对他评价甚高。其实，当时的文学评论家对陶渊明作品的评价并不高，而颜延之却是较早肯定陶渊明价值的人。他在自己写的《陶征士诔并序》中，高度赞扬了陶渊明。后世对陶渊明性格的认识，就是基于颜延之创作的这篇文章。

《陶征士诔并序》中这样写道："居备勤俭，躬兼贫病。人否其忧，子然其命。"意思是虽然贫病交加，但陶渊明并不抱怨，而是乐天知命。可见颜延之是懂陶渊明的。陶渊明在生活中坚守自己的原则，在自己的内心深处创造了一片独属于他个人的桃花源。

- 陶渊明追求的并不是富贵。
- 辞官之初，陶渊明的家里比普通的农民殷实得多。
- 陶渊明酷爱喝酒。
- 陶渊明不仅善于交际，朋友也很多。
- 陶渊明有五个儿子，但他们不是懒惰就是愚笨。
- 颜延之和陶渊明的关系很亲密。
- 颜延之在自己写的《陶征士诔并序》中，高度赞扬了陶渊明。

"采菊东篱下，悠然见南山"的隐逸诗人之宗。

读一读 ·《桃花源记》

读准字音，读准停顿，读懂语气

晋太元中，武陵人捕鱼为业。缘溪行，忘路之远近。忽逢桃花林，夹岸数百步，中无杂树，芳草鲜美，落英缤纷。渔人甚异之，复前行，欲穷其林。

林尽水源，便得一山。山有小口，仿佛若有光。便舍船，从口入。初极狭，才通人。复行数十步，豁然开朗。土地平旷，屋舍俨然，有良田、美池、桑竹之属，阡陌交通，鸡犬相闻。其中往来种作，男女衣着，悉如外人。黄发垂髫，并怡然自乐。

见渔人，乃大惊，问所从来。具答之。便要还家，设酒杀鸡作食。村中闻有此人，咸来问讯。自云先世避秦时乱，率妻子邑人来此绝境，不复出焉，遂与外人间隔。问今是何世，乃不知有汉，无论魏、晋。此人一一为具言所闻，皆叹惋。余人各复延至其家，皆出酒食。停数日，辞去。此中人语云："不足为外人道也。"

既出，得其船，便扶向路，处处志之。及郡下，诣太守，说如此。太守即遣人随其往，寻向所志，遂迷不复得路。

南阳刘子骥，高尚士也。闻之，欣然规往，未果，寻病终。后遂无问津者。

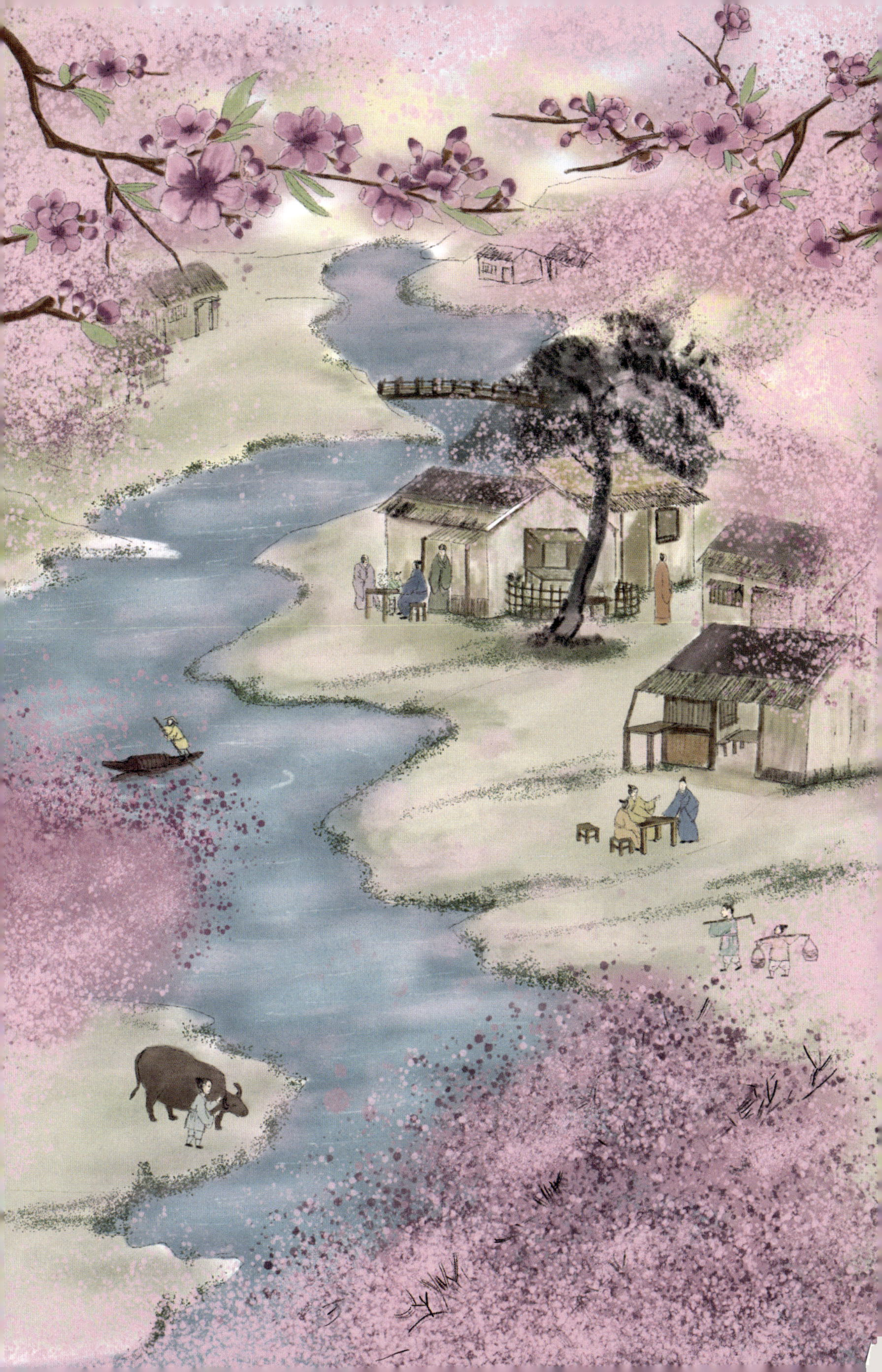

古文 今译

　　东晋太元年间，武陵郡有个人以打渔为生。（他）顺着溪水行船，忘记了路程的远近。（他）忽然遇到一片桃花林，（桃花林）生长在溪水的两岸，有几百步那么长，中间没有别的树，花草新鲜美好，许多落花飘到地上。渔夫对此（眼前的景色）十分诧异，继续往前行船，想要走到那片林子的尽头。

　　桃林在溪水发源的地方就到头了，渔夫眼前便出现一座山，山上有个小洞口，洞里隐隐约约有点光亮。于是（他）下了船，从洞口进去了。起初，（洞口）很狭窄，仅容一人通过。（渔夫）又向前走了几十步，眼前突然变得开阔明亮了。一片平坦宽阔的土地、一排排整齐的房舍，还有肥沃的田地、美丽的池塘，以及桑树、竹林之类的植物。田间小路交错相通，鸡、狗的叫声此起彼伏。人们在田野里来来往往，耕种劳作，男女的穿戴，跟桃花源以外的人完全一样。老人和小孩个个都安适愉快，自得其乐。

　　村里的人看到渔夫，感到非常惊讶，问他是从哪儿来的。（渔夫）详细地回答了（这个）问题。（他们）就邀请（他）到自己家里去（做客），摆酒杀鸡来款待他。村里的其他人听说来了这样一个人，全都来打听消息。他们说他们的祖先为了躲避秦朝时的战乱，领着妻子、儿女和乡亲们来到这个与人世隔绝的地方，不再出去，因而跟外面的人断绝了来往。(他们)问渔夫现在是什么朝代,他们竟然不知道有过汉朝,更不必说魏、晋了。渔夫把自己知道的事一一详尽地告诉了他们,听完以后,(他们)都感叹惋惜。其余的人又各自把渔夫请到自己家中,都拿出酒和饭来款待他。渔夫停留了几天,就向村里人告辞了。村里的人对他说:"我们这个地方不值得对外面的人说啊。"

渔夫出来以后,找到了他的船,就顺着旧路(回去),处处都做了标记。到了郡城,拜访太守,向太守报告了这番经历。太守立即派人跟着他前去,寻找以前所做的标记,竟迷失了方向,再也找不到通往桃花源的路了。

南阳人刘子骥,是个志向高洁的名士,听到这件事后,高兴地计划前往。但没有实现,不久就因病去世了。此后就再也没有探访桃花源的人了。

知识 收藏夹

- **古今异义**

  芳草**鲜美** ◎古义：（花草等）新鲜美丽。今义：（菜肴、瓜果等）滋味好。

  妻子邑人 ◎古义：妻子和儿女。今义：男女两人结婚后，女子是男子的妻子。

  来此**绝境** ◎古义：与外界隔绝的境地。今义：没有出路的境地。

- **一词多义**

  之 ｛
  忘路**之**远近 ◎结构助词，的。
  渔人甚异**之** ◎代词，代指见到的景象。
  桑竹**之**属 ◎代词，这。
  具答**之** ◎代词，代指问题。
  ｝

- **词类活用**

  渔人甚**异**之 ◎形容词的意动用法，对……感到惊异。

  复**前**行 ◎方位名词用作状语，向前。

- **文言句式**

  林尽水源 ◎省略句，应为"林尽于水源"。

  此中人语云 ◎省略句，应为"此中人语之云"。

  南阳刘子骥，高尚士也 ◎判断句，"……也"表判断。

王老师 说

《桃花源记》是东晋名士、一代隐士陶渊明为其《桃花源诗》创作的"序文"。从文中可以看出,陶渊明不仅有着耕耘田间的切身实践,还对百姓的处境进行了理性思考。因此,《桃花源记》绝非一篇内容空幻的作品,而是一篇既富有诗情画意又具有现实意义的佳作。

本文以武陵渔民的踪迹为主线,写了溪行捕鱼、桃源仙境、重寻迷途三个故事,塑造了一个没有压迫、不分阶层的理想社会。另外,陶渊明还运用了虚景实写和层层设疑的写作方式,将桃花源描写得亦真亦幻。文中一些似是而非,让人百思不得其解的问题,如"不足为外人道""不复得路""规往,未果",都是耐人寻味的。

陶渊明借桃花源村民之口,侧面写出了统治阶级给百姓带来的苦难。这不得不让人联想到他所处的东晋,社会动乱、赋税繁重,让人们对安乐祥和的生活产生了急切的渴望。而陶渊明在创作此文时,考虑的不再是个人的幸福,而是整个社会的未来、民众的福祉,这在当时的作家中非常少见。